RAPPORTS AU MINISTRE

SUR LA COLLECTION

DES DOCUMENTS INÉDITS

DE L'HISTOIRE DE FRANCE

ET SUR LES ACTES

DU COMITÉ DES TRAVAUX HISTORIQUES.

PARIS.

IMPRIMERIE NATIONALE.

M DCCC LXXIV.

RAPPORTS AU MINISTRE

SUR LA COLLECTION

DES DOCUMENTS INÉDITS

DE L'HISTOIRE DE FRANCE.

I

RAPPORT À M. LE V^{TE} DE CUMONT,

MINISTRE DE L'INSTRUCTION PUBLIQUE,

SUR LA COLLECTION

DES DOCUMENTS INÉDITS DE L'HISTOIRE DE FRANCE

ET SUR LES ACTES

DU COMITÉ DES TRAVAUX HISTORIQUES ET DES SOCIÉTÉS SAVANTES

PAR M. LE B^{on} DE WATTEVILLE,

·CHEF DE LA DIVISION DES SCIENCES ET LETTRES.

RAPPORT

SUR

LA COLLECTION DES DOCUMENTS INÉDITS

DE L'HISTOIRE DE FRANCE

ET SUR LES ACTES

DU COMITÉ DES TRAVAUX HISTORIQUES ET DES SOCIÉTÉS SAVANTES.

MONSIEUR LE MINISTRE,

Il y a quarante ans[1], M. Guizot, Ministre de l'instruction publique, signalait au Roi la nécessité impérieuse de sauver les monuments de notre histoire nationale, alors épars dans nos bibliothèques et nos archives, en organisant la publication des documents inédits relatifs à la France. C'était tout à la fois un travail considérable par son étendue, et d'une urgence immédiate, qui devait être entrepris sans retard et continué sans interruption.

M. Guizot disait dans son rapport :

« Chaque jour de retard rend la tâche plus difficile; non-seulement les traditions s'effacent et nous enlèvent, en s'effaçant, bien des moyens de compléter et d'interpréter les témoignages écrits; mais les monuments eux-mêmes s'altèrent matériellement. Il est une foule de dépôts, surtout dans les départements, où les pièces les plus anciennes s'égarent ou deviennent indéchiffrables, faute des soins nécessaires à leur entretien. Je crois donc qu'il est urgent que l'entreprise soit mise à exécution, et qu'elle reçoive immédiatement une assez grande extension. »

[1] 1833. — Rapport au Roi, à la date du 31 décembre.

1.

Ce travail, Monsieur le Ministre, organisé par M. Guizot, s'est poursuivi jusqu'à l'époque actuelle, au milieu même des révolutions politiques, avec une constance et une régularité qu'il convient de constater, non-seulement pour rendre compte à l'État de ce qui a été fait en son nom, mais aussi pour rendre hommage aux érudits qui ont concouru à une œuvre si importante, si patriotique et si longue.

Je dois aujourd'hui faire ici l'exposé du travail successif entrepris par l'Administration, accompli par la science et continué jusqu'à l'année présente, malgré tous les obstacles. J'en marquerai les périodes diverses et j'en déterminerai les résultats considérables. Maintenant que nous comptons déjà deux cent cinquante-huit volumes, il est permis de mesurer l'espace parcouru et de juger par là de ce qui nous reste à faire.

ORGANISATION.

I

COMMENCEMENT DES PUBLICATIONS. — Les Comités des travaux historiques. — Leur organisation, leur mission, leurs rapports avec les sociétés savantes et les bibliothèques.

Au siècle dernier déjà, M. Bertin, contrôleur général des finances, puis ministre du roi Louis XV, avait tenté d'assurer aux études historiques le patronage et l'appui de l'État; avec l'aide du savant Moreau, historiographe de France, il créa pour diriger ces travaux un conseil formé des écrivains et des historiens les plus distingués de l'époque. Ce conseil, qui prit le nom de *Bureau littéraire*, avait réussi à organiser un premier service en groupant un certain nombre d'associés et de correspondants [1]. Mais le ministre ne pouvait disposer que de 4,000 livres, ressources insuffisantes, qui ne permirent pas à l'œuvre nouvelle de donner d'utiles résultats.

Sans être découragé par ce premier échec, Bertin fit appel à la congrégation de Saint-Maur. Il trouva dans les Bénédictins des collaborateurs érudits, capables de mener à bonne fin les plus vastes entre-

[1] Voir Appendice, pièce n° I.

prises, doués d'une patience devenue proverbiale et qui conservaient, comme leur plus précieuse tradition, la sûreté de critique et l'intelligence de l'histoire qu'ils avaient reçue de leurs prédécesseurs.

La Révolution française vint trop tôt interrompre leurs recherches et, du même coup, suspendit les travaux parallèles de l'ancienne Académie des inscriptions et belles-lettres, qu'il est superflu de louer ici et que tout le monde se rappelle.

La grande renaissance littéraire qui caractérise l'époque de la Restauration donna aux études historiques une impulsion sérieuse. C'est alors que le mouvement commencé et interrompu reprit une force nouvelle, et quelques années plus tard, l'auteur de l'*Histoire de la civilisation,* si bien placé pour constater sans en être ébloui les progrès obtenus et les besoins de son époque, en parlait avec une juste autorité. Il disait dans le Rapport cité précédemment :

« . . . Depuis quinze ans environ l'étude des sources historiques a repris une activité nouvelle. Des hommes d'un esprit clairvoyant, d'une science rare, d'une constance laborieuse, ont pénétré, les uns dans le vaste dépôt des archives du royaume, les autres dans les collections de manuscrits de la Bibliothèque royale; quelques-uns ont poussé leurs recherches jusque dans les bibliothèques et archives des départements. Partout il a été prouvé dès les premiers essais, en fouillant au hasard, que de grandes richesses étaient restées enfouies. Les efforts ont redoublé, et l'on n'a pas tardé à obtenir des découvertes aussi importantes qu'inattendues, de véritables révélations qui éclairent d'un jour nouveau tels ou tels événements, tels ou tels siècles de notre histoire; à ce point qu'il est peut-être permis d'avancer que les manuscrits et monuments originaux qui ont été jusqu'à présent mis au jour ne surpassent guère en nombre ni en importance ceux qui sont restés inédits. »

Frappé des découvertes déjà faites, M. Guizot savait mieux que tout autre combien il en restait encore à faire. Il proposa au Roi (il n'eut pas de peine à le convaincre) d'élargir le champ des investigations, de rendre plus accessibles aux érudits les bibliothèques et les archives, de leur indiquer les recherches à faire, de les aider par des instructions précises, enfin de faciliter, grâce aux ressources dont l'État dispose, la publication de leurs découvertes.

Toutes ces mesures étaient nécessaires. En effet, si la France ne se décidait pas à adopter comme une institution nationale la publication de ses titres, des sources mêmes de son histoire, il était impossible d'obtenir des résultats dignes de l'objet qu'on se proposait.

En ce sens, M. Guizot faisait la déclaration expresse que l'on va lire :

« Au Gouvernement seul il appartient, selon moi, de pouvoir accomplir le grand travail d'une publication générale de tous les matériaux importants et encore inédits sur l'histoire de notre patrie. Le Gouvernement seul possède les ressources de tout genre qu'exige cette vaste entreprise. Je ne parle même pas des moyens de subvenir aux dépenses qu'elle doit entraîner; mais, comme gardien et dépositaire de ces legs précieux des siècles passés, le Gouvernement peut enrichir une telle publication d'une foule d'éclaircissements que de simples particuliers tenteraient en vain d'obtenir. »

Les Chambres, sur cet exposé, accordèrent immédiatement (1834) pour le budget de l'année suivante (1835) un premier crédit de 120,000 francs. M. Guizot, avec la sûreté de vue qu'il apportait dans tous les actes de l'administration de l'instruction publique, traça immédiatement les règles dont ses successeurs se sont efforcés de ne pas se départir, et auxquelles il n'y eut que des modifications de détail à apporter.

Je vous demande, Monsieur le Ministre, la permission de rappeler ici en quelques mots le plan tracé par M. Guizot, la marche suivie par l'administration et les résultats obtenus.

Le premier soin de M. Guizot fut de distinguer nettement, dans l'œuvre nouvelle, la part afférente à la science pure et la part réservée à l'Administration. Pour diriger et surveiller tous les détails de cette vaste entreprise, il composa un Comité dans lequel il réunit quelques-uns des hommes les plus considérables par leur savoir et par le mérite de leurs travaux historiques. Ce furent, outre le Ministre :

MM. Villemain, pair de France, vice-président du Comité en l'absence du Ministre;

Daunou, membre de l'Institut, garde général des archives du royaume;

Naudet, membre de l'Institut;

Guérard, membre de l'Institut;

Mignet, membre de l'Institut;

Champollion-Figeac, conservateur au département des manuscrits de la Bibliothèque royale;

Fauriel, conservateur adjoint à la Bibliothèque royale, professeur à la Faculté des lettres;

Vitet, secrétaire général du ministère du commerce;

Desnoyers (Jules), secrétaire de la Société de l'histoire de France;

Granier de Cassagnac;

Fallot, élève de l'École des chartes, secrétaire général du Comité [1].

Peu de temps après, par un arrêté en date du 10 janvier 1835, le Ministre forma un nouveau Comité chargé de concourir, sous la présidence du Ministre, à la recherche et à la publication des monuments inédits de la littérature, de la philosophie, des sciences et des arts dans leurs rapports avec l'histoire générale de la France.

Ce second Comité fut composé ainsi qu'il suit :

MM. Cousin, pair de France, conseiller au Conseil royal de l'instruction publique, vice-président du Comité;

Vitet, secrétaire général du ministère du commerce, membre de la Chambre des députés;

Leprévost (Auguste), député de l'Eure;

P. Mérimée, inspecteur général des monuments historiques;

Victor Hugo;

Sainte-Beuve;

Ch. Lenormant, conservateur adjoint au département des médailles antiques de la Bibliothèque royale;

Albert Lenoir, architecte;

Didron, secrétaire du Comité [2].

[1] Arrêté du 18 juillet 1834. — [2] Arrêté du 10 janvier 1835. (Voir Rapport au Roi.)

La ligne tracée d'une manière si ferme fut fidèlement suivie. Les arrêtés pris par MM. de Salvandy[1], Cousin[2], de Vaulabelle[3], de Falloux[4], n'apportèrent aucune modification essentielle à l'organisation première, et ne firent guère que changer les noms sans toucher aux principes.

Je dois cependant mentionner ici une période d'essais qui interrompit un moment la tradition. M. Fortoul, qui désirait donner à la littéture et à la philologie un rôle prédominant, indiqua des voies nouvelles. Avec l'aide de M. Ampère, il fit rédiger des instructions pour recueillir les *chansons populaires de la France.* Il confia à M. Guessard la rédaction d'un rapport, resté inédit, sur les *anciens poëtes de la France.* Les deux Comités créés par M. Guizot furent réunis en un seul[5] composé de quarante-deux membres, sous le nom de : *Comité de la langue, de l'histoire et des arts de France.*

Le titre seul donné au nouveau Comité était significatif. L'histoire, placée par M. Guizot au premier rang, était reléguée au second.

Il parut bientôt que les projets annoncés étaient trop vastes et par cela même difficiles à réaliser. M. Rouland, jugeant d'ailleurs que des modifications aussi graves faisaient dévier l'institution même de son principe et de son objet, s'appliqua, par une mesure sagement réparatrice, à rétablir l'état de choses ancien, en y apportant les améliorations indiquées par une longue expérience[6].

L'arrêté du 22 février 1858 régla d'une manière définitive l'organisation et les attributions des Comités. Ils furent réunis en un seul et désignés sous le nom de *Comité des travaux historiques et des Sociétés savantes.* Ce Comité fut divisé en trois sections distinctes :

1° Section d'histoire et de philologie;

[1] Arrêté du 18 décembre 1837, qui divise le Comité en cinq sections.

[2] Arrêté du 30 août 1840, qui réduit les sections à deux.

[3] Arrêté du 5 septembre 1848 qui crée un *Comité historique des arts et monuments* et un *Comité historique pour la publication des monuments écrits de l'histoire de France.*

[4] Arrêté du 8 janvier 1849, qui appelle le second comité : *Comité historique des monuments écrits de l'histoire de France.*

[5] Arrêté du 14 septembre 1852.

[6] Arrêté du 22 février 1858. (Voir à l'Appendice, pièce n° II.)

2° Section d'archéologie;

3° Section des sciences.

Le Comité se composa de membres titulaires, de membres honoraires et de membres non résidants (art. 3).

Les articles 5 et 6 déterminèrent la composition du bureau de chaque section et les jours de réunion.

Chaque section, suivant l'ordre de ses travaux, fut chargée d'examiner les projets de publication et d'en proposer directement au Ministre l'adoption ou le rejet (art. 10).

Les rapports avec les Sociétés savantes (art. 13, 14, 15, 16) furent réglés d'une manière absolue par ce même arrêté, qui est encore à l'heure actuelle en pleine vigueur, et ne fut modifié qu'en ce qui concerne certains prix à décerner [1].

Tels sont les actes qui ont constitué le Comité. Nous en compléterons la liste en rappelant la récente mesure prise par M. de Fourtou [2] relativement à la composition et au renouvellement de chaque section. Elle fixe à trente les membres titulaires de la section d'histoire, à vingt-cinq ceux de la section d'archéologie (art. 1er), et elle autorise chaque section à statuer sur les cas de vacance et à présenter des candidats au choix du Ministre (art. 2), qui seul a droit de nommer.

En parlant des attributions du Comité, j'ai dû mentionner, Monsieur le Ministre, les rapports avec les Sociétés savantes. En effet, pour servir d'auxiliaires aux Comités, M. Guizot sollicita dès l'origine la coopération de toutes les Académies et Sociétés savantes organisées dans les départements. Il leur demanda d'établir avec le ministère de l'Instruction publique une correspondance régulière destinée à faire connaître leurs travaux, leurs découvertes, leurs besoins; il leur pro-

---

[1] Article 16 de l'arrêté du 22 février 1858, modifié par le décret du 30 mars 1869 et l'arrêté ministériel du 31 du même mois, le décret du 21 décembre 1872, ainsi que l'arrêté du 25 décembre de la même

année. (Voir à l'Appendice, pièces n°: III, IV, V et VI.)

[2] Arrêté du 21 février 1874. (Voir à l'Appendice, pièce n° VII.)

mit de les seconder autant qu'il serait en son pouvoir et « de faire publier chaque année, sous les auspices du gouvernement, un recueil contenant quelques-uns de leurs mémoires les plus importants, et, en outre, un compte rendu sommaire de leurs travaux [1].

Cet engagement devait déterminer une publication nouvelle, servant d'annexe à celle des *Documents inédits;* ainsi fut organisée la publication qui s'appelle aujourd'hui la *Revue des Sociétés savantes* [2].

Dans le même esprit de sage prévoyance, et toujours pour venir en aide aux travaux des Comités, M. Guizot choisit dans chaque province, parmi les personnes les plus capables de les seconder, un certain nombre de correspondants avec lesquels le ministère entretint des relations fréquentes et régulières [3]. « Ces correspondants fournirent à l'administration beaucoup de lumières, épargnèrent beaucoup de missions spéciales, de temps, de dépenses, et concoururent puissamment à l'illustration de notre histoire nationale [4]. »

[1] Circulaire du 23 juillet 1834.

[2] Cette publication se compose des meilleurs travaux envoyés au Comité par les correspondants et des rapports faits par les membres du Comité soit sur ces travaux, soit sur les publications des Sociétés savantes.

Elle a porté successivement les titres de *Bulletin archéologique du Comité des arts et monuments* (1837-1848), *Procès-verbaux des séances du Comité des monuments écrits* (1837-1848), *Bulletin du Comité historique des arts et monuments* (1849-1851), *Bulletin du Comité des monuments écrits* (1849-1852), *Bulletin du Comité de la langue, de l'histoire et des arts* (1852-1857), *Bulletin des Sociétés savantes, Missions scientifiques et littéraires* (1854-1855), et enfin, à partir de 1856, *Revue des Sociétés savantes des départements.*

Depuis cette époque, la *Revue* a eu quatre séries pour la partie historique et archéo-logique, deux pour la partie scientifique, savoir:

PARTIE HISTORIQUE ET ARCHÉOLOGIQUE.

1re série.... 1856-1858.
2e série.... 1859-1862.
3e série.... 1863-1864.
4e série.... 1865-1869.

La cinquième série est en cours d'exécution et comprend déjà six volumes (1870-1873).

PARTIE SCIENTIFIQUE.

1re série.. 1862-1864.
2e série.. 1867 (en cours d'exécution).

Il faut ajouter, pour la partie historique et archéologique, la *Table générale des Bulletins et de la Revue* (1834-1869), rédigée par M. Octave Teissier, un volume in-8°.

[3] Circulaire de décembre 1834.

[4] Ces correspondants sont aujourd'hui au nombre de deux cents pour les sections d'his-

Ils furent guidés dans leurs recherches par de nombreuses instructions[1] rédigées par le Comité avec le plus grand soin.

Enfin il enjoignit aux bibliothécaires[2] de se conformer aux prescriptions du décret du 8 pluviôse an VIII, d'explorer les richesses de leurs bibliothèques, d'en dresser activement le catalogue, d'inventorier avec un soin tout spécial leurs manuscrits et d'envoyer au Ministre copie de leurs travaux.

Ces appels furent entendus. De tous les points de la France les savants de nos provinces briguèrent le titre de correspondants du ministère, et envoyèrent des travaux précieux. Les efforts des Sociétés des départements furent coordonnés : en même temps qu'ils intéressaient chaque histoire locale, ils venaient se fondre dans une même direction qui était l'histoire générale de notre pays.

Ces Sociétés, d'une part, conservèrent leur indépendance absolue, et de l'autre, eurent le bénéfice des promesses renfermées dans la circulaire du 23 juillet 1834, c'est-à-dire « les encouragements du gouvernement et la publicité. » La *Revue des Sociétés savantes* vulgarisa leurs recherches et leurs découvertes.

Des indemnités accordées sur la proposition du Comité[3] récompensèrent les efforts des plus dignes, et aujourd'hui le ministère, outre ses deux cents correspondants des départements, compte plus de deux cent cinquante Sociétés savantes, qui entretiennent avec lui des rapports journaliers.

Ce ne fut pas tout : le gouvernement n'hésita pas à donner lui-même l'initiative de travaux spéciaux qui formèrent une nouvelle branche de la collection. En 1860, M. Gustave Rouland, alors directeur, pensa que l'un des meilleurs fruits de l'entreprise devrait être une description

toire et d'archéologie. Voir à l'Appendice les noms des membres des Comités et des correspondants (pièce n° VIII).

[1] On peut citer les instructions sur l'architecture du moyen âge, sur l'architecture militaire, sur l'architecture gallo-romaine, sur la musique, sur les monuments de l'ère chrétienne, sur les croisades, sur les poésies populaires. Cette série se continue, plusieurs instructions nouvelles ne vont pas tarder à paraître.

[2] Circulaire de novembre 1833.

[3] Art. 15 de l'arrêté du 22 février 1858.

historique et locale de toute la France. Sur sa proposition, le Ministre rendit un arrêté (2 février 1860) qui invitait les Sociétés à dresser des répertoires archéologiques et topographiques de chaque département; en même temps, il instituait des récompenses spéciales qui seraient décernées aux meilleurs travaux[1].

L'impulsion donnée à l'œuvre générale, ainsi conçue et ainsi perfectionnée, eut naturellement pour résultat d'exciter une vive émulation. Bientôt on vit venir à nous des auxiliaires sur lesquels nous devions compter, mais que les circonstances avaient isolés. Je veux parler des bibliothécaires, qui vivaient comme en dehors du mouvement, faute d'une organisation forte, suivie et universelle.

Ils comprirent que le temps des canonicats littéraires était passé, qu'il fallait payer de leur personne et répondre par leur zèle et par leur activité à l'attente du monde savant. Ils envoyèrent de différents côtés des documents qui permirent de commencer la publication des catalogues des manuscrits de la Bibliothèque nationale et des manuscrits des bibliothèques des départements[2], et qui firent connaître aux érudits bien des richesses absolument ignorées.

Grâce à tous ces efforts si habilement combinés, la publication de la collection marcha rapidement, sans hésitations. Déjà, le 2 décembre 1835, deux ans après la proposition de M. Guizot, le Ministre de l'Instruction publique pouvait offrir au Roi les premiers volumes des documents. C'étaient :

Le *Journal des états généraux tenus à Tours en 1484*, traduit de Jehan Masselin par Adhelm Bernier;

[1] Voir cet arrêté à l'Appendice (pièce n° IX).

[2] Deux volumes du *Catalogue des manuscrits français de la Bibliothèque nationale;* quatre volumes du *Catalogue des manuscrits des bibliothèques des départements* sont publiés. Plusieurs volumes de cette double série sont sous presse et vont bientôt paraître. Les volumes de cette dernière série publiés jusqu'à ce jour renferment les catalogues de l'École de médecine de Montpellier, du séminaire d'Autun, puis des villes suivantes : Laon, Montpellier, Alby, Troyes (ce dernier seul comprend un volume entier), Saint-Mihiel, Saint-Omer, Épinal, Saint-Dié, Schelestadt, Arras, Avranches, Boulogne-sur-Mer.

Les *Négociations relatives à la succession d'Espagne*, par M. Mignet, ouvrage qui, malgré son intérêt, a dû rester inachevé[1].

Le premier volume des *Mémoires militaires relatifs à la succession d'Espagne*, préparés par le lieutenant général de Vaulx et publiés par le général baron Pelet, ouvrage destiné à accompagner celui de M. Mignet.

A partir de ce moment, les publications furent successives, nombreuses et continuées opiniâtrément, en dépit des événements et des alternatives qui semblaient toujours compromettre l'entreprise. Ici les faits parlent et nous n'avons plus qu'à donner l'état des volumes publiés, sans insister davantage, ni sur la manière dont nos savants collaborateurs ont poursuivi leur tâche, ni sur l'heureuse persévérance avec laquelle l'Administration a maintenu les droits du travail historique en accomplissant une mission quelquefois difficile ou méconnue.

Le tableau ci-joint donne 1° le titre de chacun des ouvrages de la collection ; 2° le nom des éditeurs ; 3° la date de la publication de chacun des volumes dont se compose chaque ouvrage.

En le lisant, on jugera d'un coup d'œil l'importance de l'œuvre, le point où elle est parvenue, le temps qu'il a fallu consacrer, soit à chaque ouvrage en particulier, soit à la collection dans son ensemble.

---

[1] En 1854 M. Mignet cessa de faire partie du Comité des travaux historiques et abandonna la publication qu'il avait entreprise.

On peut malheureusement ajouter aux *Négociations* la liste suivante des ouvrages interrompus, que la mort des auteurs laisse forcément inachevés :

1° L'*Histoire du Tiers État en France*, par M. Augustin Thierry ;

2° Les *Lettres des rois et reines*, par M. Champollion-Figeac ;

3° *Archives administratives et législatives de la ville de Reims*, par M. Varin ;

4° Le *Procès des Templiers*, par M. Michelet ;

5° La Table des matières qui doit être ajoutée au *Recueil de documents inédits concernant l'Histoire de l'administration en France pendant le règne de Louis XIV*, recueil publié par M. Depping.

—•→(14)←•—

COLLECTION DES DOCUMENTS INÉDITS RELATIFS À L'HISTOIRE DE FRANCE,

PUBLIÉS SOUS LES AUSPICES DU MINISTÈRE DE L'INSTRUCTION PUBLIQUE.

—•→(15)←•—

DATE DE PUBLICATION

DE CHACUN DES VOLUMES DE LA COLLECTION DES DOCUMENTS INÉDITS.

HISTOIRE ET PHILOLOGIE.

TITRES DES OUVRAGES PUBLIÉS. (1er août 1874.)	NOMS DES ÉDITEURS.	TOME I.	TOME II.	TOME III.	TOME IV.	TOME V.	TOME VI.	TOME VII.	TOME VIII.	TOME IX.	TOME X.	TOME XI.
archives administratives et législatives de Reims	Varin	1839	1839	1843	1843	1844	1847	1848	1850	1840	Table:1853	»
tivité de François Ier	Aimé Champollion-Figeac	1847	»	»	»	»	»	»	»	»	»	»
tulaire de Notre-Dame de Paris	Guérard	1850	1850	1850	1850	»	»	»	»	»	»	»
artulaire de Saint-Bertin	Guérard	1840	»	»	»	»	»	»	»	»	»	»
pendice au cartulaire de Saint-Bertin	Fr. Morand	1867	»	»	»	»	»	»	»	»	»	»
artulaire de Saint-Père de Chartres	Guérard	1840	1840	»	»	»	»	»	»	»	»	»
tulaire de Saint-Victor de Marseille	Guérard	1857	1857	»	»	»	»	»	»	»	»	»
tulaire de Redon	A. de Courson	1863	»	»	»	»	»	»	»	»	»	»
tulaire de Savigny et d'Ainay	Aug. Bernard	1863	1863	»	»	»	»	»	»	»	»	»
tulaire de Beaulieu	Deloche	1859	»	»	»	»	»	»	»	»	»	»
tulaire de Saint-Hugues de Grenoble	Marion	1869	»	»	»	»	»	»	»	»	»	»
ronique de Bertrand Duguesclin	Charrière	1839	1839	»	»	»	»	»	»	»	»	»
ronique des ducs de Normandie	Francisque Michel	1836	1838	1844	»	»	»	»	»	»	»	»
ronique du religieux de Saint-Denis	Bellaguet	1839	1840	1841	1842	1844	1852	»	»	»	»	»
férences de Loudun	Bouchité et Levasseur	1862	»	»	»	»	»	»	»	»	»	»
respondance de Sourdis	Eugène Sue	1839	1839	1839	»	»	»	»	»	»	»	»
respondance et papiers d'État du cardinal de Richelieu	Avenel	1853	1856	1858	1861	1863	1867	1874	»	»	»	»
roisade contre les Albigeois	Fauriel	1837	»	»	»	»	»	»	»	»	»	»
laircissement de la langue françoyse de maistre Jehan Palsgrave	Génin	1852	»	»	»	»	»	»	»	»	»	»
uments de paléographie	Natalis de Wailly	1838	1838	»	»	»	»	»	»	»	»	»
milles d'outre-mer de Du Cange	G. Rey	1869	»	»	»	»	»	»	»	»	»	»
istoire du tiers état en France	Augustin Thierry	1850	1853	1856	1870	»	»	»	»	»	»	»
istoire de la guerre de Navarre	Francisque Michel	1856	»	»	»	»	»	»	»	»	»	»
ournal des états généraux tenus à Tours en 1484	A. Bernier	1835	»	»	»	»	»	»	»	»	»	»
urnal d'Olivier d'Ormesson	Chéruel	1860	1861	»	»	»	»	»	»	»	»	»
ttres de Henri IV	Berger de Xivrey et Guadet	1843	1843	1846	1848	1850	1853	1858	1872	»	»	»
tres de Mazarin	Chéruel	1872	»	»	»	»	»	»	»	»	»	»
ettres des rois et reines	Champollion-Figeac	1839	1847	»	»	»	»	»	»	»	»	»
tres et mandements de Charles V	L. Delisle	1874	»	»	»	»	»	»	»	»	»	»
ivre de justice et de plet	Rapetti	1850	»	»	»	»	»	»	»	»	»	»
re de la taille de Paris	Géraud	1837	»	»	»	»	»	»	»	»	»	»
élanges historiques	Champollion-Figeac	1841	1843	1847	1848	Table:1874	»	»	»	»	»	»

L'astérisque placé devant chaque ouvrage indique ou que cet ouvrage est épuisé ou qu'il n'en reste qu'un très-petit nombre d'exemplaires au dépôt.

HISTOIRE ET PHILOLOGIE (Suite).

TITRES DES OUVRAGES PUBLIÉS. (1er AOÛT 1874.)	NOMS DES ÉDITEURS.	TOME I.	TOME II.	TOME III.	TOME IV.	TOME V.	TOME VI.	TOME VII.	TOME VIII.	TOME IX.	TOME X.	TOME XI.
Mélanges historiques (nouvelle série)	La section d'histoire du comité	1876										
* Mémoires militaires relatifs à la succession d'Espagne	Général Pelet	1835	1836	1838	1838	1840	1845	1848	1850	1855	1859	1862
Mémoires de Nicolas Foucault	Baudry	1862										
Mémoires de Claude Haton	Bourquelot	1857	1857									
Mistère du siège d'Orléans	Guessard	1862										
* Négociations de la France dans le Levant	Charrière	1848	1850	1853	1860							
* Négociations entre la France et l'Autriche	Le Glay	1845	1845									
Négociations relatives à la succession d'Espagne	Mignet	1835	1835	1842	1842							
Négociations sous François II	Louis Paris	1841										
Négociations avec la Toscane	A. Desjardins	1859	1861	1865	1872							
* Olim (Les)	Beugnot	1839	1842	1844	1848							
* Ouvrages inédits d'Abélard	V. Cousin	1836										
* Papiers d'État du cardinal de Granvelle	Weiss	1841	1841	1842	1843	1844	1846					
* Privilèges accordés par le Saint-Siège à la couronne de France	Ad. Tardif	1856										
* Procès des Templiers	Michelet	1841	1851									
Procès-verbaux des États généraux en 1593	Aug. Bernard	1842										
Procès-verbaux du conseil de régence de Charles VIII	A. Bernier	1836										
Quatre Livres des Rois (Les)	Le Roux de Lincy	1841										
Recueils de documents inédits concernant l'histoire de l'administration publique en France pendant le règne de Louis XIV	Depping	1860	1851	1852	1855							
* Règlements d'Étienne Boileau	Depping	1837										
* Relations des ambassadeurs vénitiens	Tommaseo	1838	1838									
Rapports au roi et pères	Comité historique	1835										
Rapports au ministre	Comité historique	1834										
Trésor de Brunetto Latini	Chabaille	1863										

ARCHÉOLOGIE.

Iconographie chrétienne	Didron	1843										
* Architecture monastique au moyen âge	Albert Lenoir	1852	1856									
* Monographie de la cathédrale de Chartres	Lassus, Amaury Duval, Didron	1837	1865									
Monographie de Notre-Dame de Noyon	Vitet et Daniel Ramée	1845										
Monuments de l'architecture militaire des croisés en Syrie	G. Rey	1871										
Inscriptions de la France du Ve au XVIIIe siècle	De Guilhermy	1873										
Peintures à fresque de Saint-Savin	P. Mérimée et Gérard Séguin	1845										
* Statistique monumentale de Paris	A. Lenoir	1867										
Comptes des dépenses de la construction du château de Gaillon	A. Deville	1850										
Instructions sur l'architecture antique gallo-romaine, etc.	A. Lenoir	1852										

TITRES DES OUVRAGES PUBLIÉS. (1ᵉʳ août 1874.)	NOMS DES ÉDITEURS.	TOME I.	TOME II.	TOME III.	TOME IV.	TOME V.	TOME VI.	TOME VII.	TOME VIII.	TOME IX.	TOME X.	TOME XI.
ARCHÉOLOGIE (Suite).												
Instructions { sur l'architecture du moyen âge	Leprévost et A. Lenoir	1852	"	"	"	"	"	"	"	"	"	"
sur la musique	Bottée de Toulmon	1852	"	"	"	"	"	"	"	"	"	"
sur l'architecture militaire	P. Mérimée et A. Lenoir	1851	"	"	"	"	"	"	"	"	"	"
sur les monuments de l'ère chrétienne	Al. Lenoir	1856	"	"	"	"	"	"	"	"	"	"
sur les croisades	Marquis de Pastoret	1850	"	"	"	"	"	"	"	"	"	"
relative aux poésies populaires de la France	Ampère	1853	"	"	"	"	"	"	"	"	"	"
SCIENCES[1].												
Mémoires de Lavoisier	Dumas	1864	1862	1865	1868	"	"	"	"	"	3	"
Œuvres d'Augustin Fresnel	L. Fresnel, Verdet	1866	1868	1870	"	"	"	"	"	"	"	"
Œuvres de Lagrange	Serret	1867	1868	1869	1869	1870	"	"	"	"	"	"
DICTIONNAIRES ET RÉPERTOIRES.												
Dictionnaires topographiques { d'Eure-et-Loir	Merlet	1861	"	"	"	"	"	"	"	"	"	"
de l'Yonne	Quantin	1863	"	"	"	"	"	"	"	"	"	"
de la Meurthe	Lapage	1862	"	"	"	"	"	"	"	"	"	"
du Morbihan	Rosenzweig	1870	"	"	"	"	"	"	"	b	"	"
des Basses-Pyrénées	Raymond	1863	"	"	"	-2	"	"	"	"	"	"
de la Nièvre	G. de Soultrait	1865	"	"	"	"	"	"	"	"	"	"
de l'Hérault	Thomas	1866	"	"	"	"	"	"	"	"	"	"
du Haut-Rhin	Stoffel	1868	"	"	"	"	"	"	"	"	"	"
du Gard	Germer Durand	1868	"	"	"	"	"	"	"	"	"	"
de l'Aisne	Matton	1871	"	"	"	"	"	"	"	"	"	"
de la Meuse	Liénard	1873	"	"	"	"	"	"	"	"	"	"
de la Dordogne	V. de Gourgues	1873	"	"	"	"	"	c	"	"	"	"
Répertoires archéologiques { de l'Aube	D'Arbois de Jubainville	1861	"	"	"	"	"	"	"	"	"	"
de l'Oise	Woillez	1862	"	"	"	"	"	"	"	"	"	"
du Morbihan	Rosenzweig	1863	"	"	"	"	"	"	"	"	"	"
de la Seine-Inférieure	l'abbé Cochet	1872	"	"	"	"	"	"	"	"	"	"
du Tarn	H. Crozes	1865	"	"	"	"	"	"	"	"	"	"
de l'Yonne	Quantin	1868	"	"	"	"	"	"	"	"	"	"

[1] Sous la rubrique *Sciences*, on trouve une série dont il n'a pas encore été question dans ce Rapport. Voici à quelle occasion elle a été commencée. M. Boulard, par son arrêté en date du 24 février 1858, ayant organisé en Comité une section des Sciences, la délibération fut ouverte sur les publications que la nouvelle section devrait entreprendre. (Voir à l'Appendice pièce nº X.)

TITRES DES OUVRAGES PUBLIÉS. (1ᵉʳ AOÛT 1874.)	NOMS DES ÉDITEURS.	NOMBRE DES VOLUMES PUBLIÉS.	DATE DES PUBLICATIONS.
BULLETINS ET REVUES.			
* Bulletin archéologique..............	Comité des arts....	4 vol. in-8°.	1834 à 1838
* Extraits des procès-verbaux du comité des monuments écrits, depuis son origine jusqu'à sa réorganisation..............	De la Villegille et Taranne.........	1 idem....	1848
* Bulletins des comités historiques (Histoire et archéologie)...................	Comités historiques.	8 idem....	1849 à 1852
* Bulletin du comité de la langue, de l'histoire et des arts de la France.............	Idem.........~...	4 idem....	1852 à 1856
* Bulletin des sociétés savantes (Missions scientifiques et littéraires)..........	Idem............	2 idem....	1854 à 1855
* Revue des sociétés savantes. Partie historique et archéologique, 1ʳᵉ série.......	Idem............	5 idem....	1856 à 1858
* Revue des sociétés savantes. { 2ᵉ série.....	Idem............	8 idem....	1859 à 1862
3ᵉ série.....	Idem............	4 idem....	1863 à 1864
4ᵉ série.....	Idem............	10 idem...	1865 à 1869
Table générale des bulletins et revues.....	O. Teissier.......	1 idem....	1874
Revue des sociétés savantes. 5ᵉ série (en cours d'exécution)...................	Comités historiques.	5 idem....	1870 à 1874
* Revue des sociétés savantes. Partie scientifique, 1ʳᵉ série...................	Idem............	6 idem....	1862 à 1864
Revue des sociétés savantes. 2ᵉ série (en cours d'exécution)...................	Idem............	5 idem....	1867 à 1874
RECUEIL DES MÉMOIRES LUS À LA SORBONNE PAR LES DÉLÉGUÉS DES SOCIÉTÉS SAVANTES. 1861-1863-1864-1865-1866-1867-1868.			
* Histoire.........................	Idem............	7 idem....	"
* Archéologie.....................	Idem............	7 idem....	"

II

BUDGET DES DÉPENSES ET DES RECETTES. — Mission et rôle de l'Administration. — Emploi des fonds de l'État. — Impressions. — Rapports de l'Administration avec les auteurs.

Dans les pages précédentes nous avons énuméré les actes des différents ministres et les travaux de la science se confondant pour un même but. Nous avons étudié l'œuvre même et non pas la gestion de l'entreprise.

Il faut maintenant mettre en lumière la partie économique et financière de la publication. Toute question économique se résout par une question budgétaire. C'est un devoir de rendre compte à l'État de l'emploi qui a été fait des finances de l'État.

Dès l'origine, on l'a vu, le rôle du Comité fut parfaitement distinct du rôle de l'Administration. Au Comité le soin d'étudier les projets de publication, de les approuver ou de les rejeter, et par suite la responsabilité scientifique de l'entreprise. A l'Administration incombe la responsabilité matérielle; tâche moins brillante, mais non moins délicate et non moins utile que la première. C'est l'Administration qui rend compte aux assemblées, au pays, de l'emploi des fonds; c'est elle qui sert d'intermédiaire entre les Comités, les Sociétés savantes, les correspondants et les auteurs. C'est elle qui règle les indemnités dues à ces derniers, qui facilite leurs travaux, soit en leur accordant des missions partout où ils peuvent faire des découvertes utiles à leurs recherches, soit en leur adjoignant des collaborateurs[1], soit en faisant venir des pays étrangers les documents qui leur sont nécessaires. C'est elle, ensuite, qui surveille l'impression, la gravure, la vente des documents et leur distribution suivant les besoins du service. Ces différents points, Monsieur le Ministre, demandent à être exposés avec quelques détails.

La question la plus importante est celle du budget : en l'étudiant, on voit aisément avec quels faibles moyens on a obtenu de grands résultats. Peut-être sera-t-on frappé du contraste que présentent les exigences du travail scientifique et celles de l'économie financière : le champ des recherches historiques est illimité, les ressources dont dispose le budget sont restreintes.

En 1835 et en 1836, un crédit de 120,000 francs fut ouvert au Ministre de l'Instruction publique pour notre publication. Ce crédit, reconnu bientôt insuffisant et sans proportion avec les besoins du service, fut porté, dans le budget de 1837, à la somme de 150,000 francs.

---

[1] Voir à l'Appendice pièce n° XI.

Par une exception unique, en· 1839, un crédit extraordinaire de 150,000 francs fut accordé à M. Villemain[1] et lui permit de mener à bonne fin les travaux considérables entamés sur tous les points au début de l'entreprise.

·En 1850, au contraire, notre budget spécial fut réduit. M. Jourdain, dans son remarquable ouvrage sur le budget de notre ministère, s'exprime ainsi : « Les considérations d'économie, qui l'emportaient trop exclusivement sur toutes les autres, engagèrent à réduire le crédit à 132,500 francs, et bientôt après à 120,000 francs. Cette diminution a eu pour effet de ralentir les publications d'une manière fâcheuse. Sans les nouvelles obligations imposées aux éditeurs, en vue d'assurer le meilleur emploi des fonds de l'État, le mal aurait été plus grand. Si le crédit de 120,000 francs ne paraissait pas suffisant à M. Guizot, à une époque où sans doute tout était à faire, mais aussi où l'on n' tait engagé pour rien, comment s'y tenir aujourd'hui, où de grandes publications sont commencées, qui demandent à être terminées, parce que, jusque-là, elles n'offriront qu'un intérêt très-secondaire? L'Administration a plusieurs fois demandé que le crédit fût relevé au chiffre qu'il atteignait en 1837 et dans ·les années suivantes[2]. »

Les demandes auxquelles on fait allusion n'ont jamais été écoutées. Le crédit est resté fixé à 120,000 francs et, même pendant les années 1872 et 1873, il a été diminué de 10,000 francs et n'a été que de 110,000 francs.

Dans l'énumération des divers crédits alloués pour la publication des Documents, Votre Excellence a dû remarquer le crédit extraordinaire de 150,000 francs alloué en 1839. Ce crédit, le seul de ce genre que l'on ait jamais demandé, doit donner lieu à quelques explications. Au début de la vaste entreprise qui nous occupe, il était impossible, et aux Comités et à l'Administration, de calculer exactement l'emploi des fonds dont ils pouvaient disposer. Ils devaient ce-

---

[1] Sur ces 150,000 francs, 95,000 francs furent affectés à l'exercice courant, et 55,000 francs à l'exercice antérieur.

[2] Jourdain, *Le Budget de l'instruction publique,* un vol. in-8°, 1857.

pendant attaquer sur tous les points un terrain mal défini : la matière, semblable à une mine, s'annonçait inépuisable, mais exigeait des études et des tâtonnements. De toutes parts, ils avaient entrepris des recherches, commencé des travaux, assuré des publications, et nul ne pouvait déterminer à l'avance les dépenses auxquelles on serait plus tard amené.

Il était d'autant plus difficile de les déterminer, que même les volumes publiés ne servaient pas à établir ce que coûteraient les volumes en cours d'exécution. En effet (et il faut insister sur ce point), les volumes édités ne représentent ni la totalité des travaux entrepris, ni la somme des recherches faites et des résultats obtenus. Tel volume demande, avant de voir le jour, de longues et dispendieuses études. Témoin un ouvrage que M. Guizot annonçait déjà dans un de ses Rapports au Roi, et dont le premier volume vient seulement de paraître : les *Lettres de Mazarin*.

Souvent la préparation d'un seul ouvrage nous conduit à rassembler des matériaux nombreux que l'on ne peut utiliser immédiatement. C'est ainsi que les archives de votre ministère possèdent 15,000 fiches préparées pour continuer l'*Histoire du Tiers État*. Elles pourront plus tard être utilisées. D'autres fois, l'absence de certains documents tient en suspens toute une publication. On peut citer comme exemple les pièces réunies pour une *Histoire des établissements français dans l'Amérique du Nord*, ouvrage depuis longtemps presque terminé et qui cependant ne peut être encore publié. Il en est de même des *Lettres de Catherine de Médicis*, retardées par des rectifications et des collations de texte qu'il faut faire dans les archives ou dans les dépôts de l'Europe presque entière.

Enfin il faut tenir compte des ouvrages livrés à l'Imprimerie, dont les frais de toute nature doivent entrer en ligne de compte et qui sont toujours en nombre assez considérable.

En ce moment (août 1874), quatorze ouvrages sont ou à l'Imprimerie ou prêts à être livrés à l'Imprimerie. Ce sont :

OUVRAGES EN COURS D'EXÉCUTION.	NOMS DES ÉDITEURS.	VOLUMES À L'IMPRESSION.
Cartulaire de Cluny (1ᵉʳ vol.)............	Bruel............	1ᵉʳ vol.
Diplômes militaires (1 vol.)..............	L. Renier.........	1 vol.
Inscriptions de la France (2ᵉ vol.).........	De Guilhermy.......	2ᵉ vol.
Lettres { de Henri IV (9ᵉ vol.)..........	Guadet...........	9ᵉ *idem.*
{ de Mazarin (2ᵉ vol.)...........	Chéruel..........	2ᵉ vol. en préparation.
Le livre des Psaumes.................	Francisque Michel....	1 vol.
Mélanges historiques, nouvelle série (2ᵉ vol.)..	La section d'histoire ..	2ᵉ vol.
Négociations avec la Toscane (5ᵉ vol.).......	A. Desjardins.......	5ᵉ *idem.*
Mémoires de Lavoisier (t. V)...........	Dumas...........	5ᵉ *idem.*
OEuvres de Lagrange (t. V)...........	Serret...........	6ᵉ *idem.*
Dictionnaire topographique { de l'Aube.....	Boutiot et Socard....	1 vol.
{ de la Moselle...	De Bouteillier........	1 *idem.*
{ de l'Eure.....	De Blosseville........	1 *idem.*
Répertoire archéologique de la Nièvre.......	G. de Soultrait......	1 *idem.*

Ces ouvrages, plus ou moins avancés, ont naturellement entraîné déjà des dépenses sans donner au public des résultats appréciables.

Tel est le budget des dépenses. Le budget des recettes n'existe pas à proprement parler. Lorsque le ministère est appelé à rendre des comptes, il n'a rigoureusement à représenter que des livres édités, et non pas des recettes. Néanmoins nous avons pu former les éléments d'un budget des recettes, modeste, il est vrai, mais réel et, sous un certain point de vue, important.

Dès l'apparition d'un ouvrage nouveau de la collection, deux cents exemplaires sont confiés à une des maisons les plus honorables et les plus justement estimées de la librairie française, à la maison Didot, et sont mis en vente au prix de douze francs le volume. Chaque année la vente s'élève à 5,000 ou 6,000 francs, somme qu'il est juste de faire entrer en ligne de compte à côté du budget des dépenses, qui s'en trouve, par le fait, diminué d'autant. Cette somme, suivant les prescriptions de la loi, est versée régulièrement au Trésor. Car le public achète d'une manière constante ces ouvrages, malgré la libéralité avec laquelle le Gouvernement les distribue aux bibliothèques et aux savants; et l'empressement avec lequel il les recherche se prouve facilement par le grand nombre de publications actuellement épuisées.

Parmi nos dépenses, la plus considérable, celle qui impose le plus de surveillance, de travail, de responsabilité à votre administration est, sans contredit, la dépense relative aux impressions. Sous cette rubrique vient naturellement se ranger tout ce qui se rapporte au papier, dont le prix augmente de jour en jour, aux gravures sur bois, sur cuivre, sur acier, aux lithographies, aux chromolithographies qui complètent ou qui embellissent plusieurs de nos publications. Quelques-unes de ces planches peuvent être citées comme des merveilles; on signalera entre autres celles de la description de la cathédrale de Chartres qui, à l'Exposition universelle de 1867, ont obtenu le plus éclatant succès et les premières récompenses.

Pour réduire, autant que possible, ces dépenses, vos prédécesseurs, Monsieur le Ministre, ont essayé, à diverses reprises, de trouver l'emploi le plus économique des fonds de l'État. Tout d'abord, pensant qu'il serait bon de s'adresser à l'industrie privée, qui offre des conditions de bon marché, ils demandèrent à diverses maisons leur concours.

La maison Didot imprima :

1° La *Chronique de Bertrand Duguesclin;*

2° Les trois premiers volumes de l'*Histoire du Tiers État,* sauf le tome IV, édité par l'Imprimerie Nationale;

3° Le *Livre de jostice et de plet;*

4° Les *Mélanges historiques.*

Les éditeurs Crapelet ou Lahure ont publié :

1° Les *Archives administratives et législatives de Reims;*

2° La *Captivité de François Ier;*

3° Le *Cartulaire de Notre-Dame de Paris;*

4° Le *Cartulaire de Saint-Bertin;*

5° Le *Cartulaire de Saint-Père de Chartres;*

6° Le *Cartulaire de Saint-Victor de Marseille;*

7° La *Chronique du religieux de Saint-Denis;*

8° La *Correspondance de Sourdis;*

9° Le *Livre de la taille de Paris;*

10° Les *Règlements d'Étienne Boileau.*

M. Gauthier-Villars fut chargé de l'édition de *Lagrange*, et les *Instructions sur l'architecture gallo-romaine*, etc., ont été publiées chez Lacrampe et Cⁱᶜ.

Ces essais, qui prouvent du moins le bon vouloir et l'impartialité de l'Administration, avaient cependant le caractère d'une irrégularité.

Les dispositions de la loi sont formelles : elle décide que les impressions ordonnées par le Gouvernement, les ouvrages publiés par l'État doivent être imprimés par l'Imprimerie Nationale [1]. Cet établissement modèle, grâce aux ressources énormes dont il dispose, peut exécuter rapidement les travaux les plus considérables et peut seul entreprendre l'impression des ouvrages de science transcendante qui demandent des caractères spéciaux ou des soins particuliers. Il a donc fallu rentrer dans la légalité dont on s'était écarté, et l'on peut dire que la presque totalité des volumes de la collection sort des presses de cet établissement.

Aujourd'hui votre administration pense que les crédits alloués peuvent recevoir un emploi encore plus habile et plus fécond. Elle recherche des moyens économiques qui assureront avec la même dépense de plus grands résultats. Un projet est à l'étude. Déjà il est permis d'indiquer la mesure essentielle qui paraît répondre à notre désir. Elle consiste à modifier ce qu'en termes techniques on appelle la *justifica-*

[1] Voir les lois des 14 et 27 frimaire an II; celles des 8 pluviôse, 18 germinal et 21 prairial an III; l'arrêté du Directoire exécutif du 16 nivôse an V; l'arrêté des Consuls du 19 frimaire an X; les décrets du 24 mars 1809 et du 22 mars 1813; les ordonnances du 23 juillet 1823 et du 21 septembre 1830; et, enfin, la décision impériale du 25 juin 1864.

tion, en conservant d'ailleurs le format des ouvrages de la collection, mais en imprimant les textes sur double colonne. Si l'on en juge sur divers spécimens qui ont été exécutés, cette modification permettra de réaliser des économies considérables sur le papier et même sur les frais d'impression. Ces économies nous mettront à même d'augmenter le nombre de nos publications. J'espère qu'il me sera bientôt possible, Monsieur le Ministre, de placer sous vos yeux des résultats définitifs ; en même temps je vous ferai connaître l'avis du Comité, et je vous demanderai de prendre une décision sur ce sujet important.

A côté de la question toute matérielle des impressions, je dois parler d'un autre point considérable du service et qui principalement, aux débuts de l'entreprise, a présenté quelques difficultés. Il s'agit des rapports entre le Ministère et les auteurs-éditeurs de la collection.

Ces rapports ont été réglés par un arrêté de principe, encore aujourd'hui en vigueur [1], pris le 26 janvier 1857 par M. Rouland, et par le règlement de M. Duruy, en date du 21 septembre 1863. Ce ministre, par les études de sa vie entière, avait été amené à porter un intérêt sérieux à une collection dont il comprenait, mieux que tout autre, la valeur et l'utilité.

Il supprima les indemnités mensuelles attribuées pour travaux historiques (art. 6) et qui avaient amené des abus.

Il fixa à une somme, dont le maximum ne peut dépasser 4,000 francs par volume, l'indemnité accordée aux éditeurs (art. 7).

Il décida qu'une partie seulement de cette somme pourrait être payée d'avance après l'adoption du manuscrit par le Comité et son dépôt entre les mains du Ministre (même article).

Il établit qu'en sus de l'indemnité dont nous venons de parler aucune réclamation ne pourrait être faite pour les frais de recherches, copie ou collation de textes (art. 8) ou pour les ouvrages dont les projets n'auraient été adoptés qu'en principe.

[1] Voir à l'Appendice (pièces nos XII et XIII).

Il rappela aux auteurs-éditeurs que le but essentiel de l'entreprise était de publier des textes originaux inédits, en y joignant seulement des notes et des introductions nécessaires pour en faciliter l'intelligence. Il leur enjoignit de se borner, dans leurs introductions, à présenter un résumé de ce que renferment les volumes et à apprécier l'authenticité, le caractère et la valeur des textes (art. 2). Le Comité, consulté, devait décider qu'une pareille publication était alors digne d'être faite aux frais de l'État.

Pour assurer l'exécution de ces mesures, pour éviter au Ministère des frais d'impression imprévus, il fut établi qu'aucun volume ne pourrait être livré à l'Imprimerie qu'après le dépôt de la totalité du manuscrit (même article); après un devis des frais dressé par l'Imprimerie (art. 3); après l'avis d'une commission spéciale prise dans le Comité, et d'un commissaire responsable nommé par le Ministre. Ce commissaire était chargé de suivre le travail de l'éditeur et de le maintenir dans la stricte observation des conditions qui lui avaient été imposées (art. 4).

D'autres articles statuaient sur différents points de détail, sur le nombre des épreuves et les conditions du tirage, et donnaient à l'Administration, au Comité, à l'État, toutes les garanties que l'on pouvait désirer.

III

Fonds de livres publiés, acquis à l'État. — Nombre des ouvrages, des volumes, des tirages. — Classement méthodique. — Distribution des ouvrages.

Ce qui vient d'être dit, Monsieur le Ministre, fait connaître trois ordres de faits et trois aspects de la question : 1° l'histoire de l'œuvre; 2° notre gestion administrative; 3° l'histoire du Comité des travaux historiques et les rapports de ce Comité avec votre ministère et les Sociétés que ce grand travail relie entre elles.

Ces faits se rapportent tous, pardonnez-moi l'expression technique, Monsieur le Ministre, à la production, à la fabrication des livres. Il nous reste à en parler comme d'un fonds acquis à l'État, comme d'objets manufacturés, tenus en magasin, dont il convient d'établir l'inventaire, d'ordonner le classement, de justifier la sortie. Des règles dictées par l'expérience ont présidé au classement des livres, et à leur distribution soit en France, soit à l'étranger.

Combien d'exemplaires ont-ils été produits? Plus de deux cent soixante mille volumes. Ce nombre seul explique tout d'abord la nécessité d'une administration pour ainsi dire spéciale; mais avant tout il convient de rappeler sommairement comment on est arrivé à un chiffre si considérable.

Depuis 1834 jusqu'à ce jour, le ministère de l'Instruction publique a édité cent quatre ouvrages de la collection des Documents inédits qui forment :

Deux cent cinquante-huit volumes, dont cent soixante-seize in-quarto et cinq in-folio : ce sont les documents proprement dits;

Et soixante-dix-sept in-octavo : ce sont les publications annexes du *Bulletin* ou *de la Revue des Sociétés savantes* et des *Mémoires lus à la Sorbonne*. Chacun de ces volumes, tiré en moyenne à 1,025 exemplaires et multiplié par le chiffre des 258 volumes dont se compose la collection, donne le total considérable de 264,450 volumes.

Notre soin, en présence de cet accroissement indéfini de nos richesses, a dû être de les classer et de les grouper, afin de pouvoir en faire ou en indiquer l'emploi d'une manière judicieuse.

En examinant ce vaste ensemble, en pénétrant dans le détail, en soumettant la collection entière à un examen méthodique, j'arrive à répartir tous les ouvrages dans les divisions suivantes :

1° DIVISIONS PAR MATIÈRES.

Histoire générale de la France.............. 38 ouvrages.

Histoire locale :

Guyenne, Languedoc et pays pyrénéens.... 9

Normandie...................... 5

Île de-France................... 5

Picardie.............................. 4 ouvrages.

Champagne......................... 4

Orléanais et pays Chartrain............ 4

Bretagne........................... 4

Bourgogne.......................... 3

Poitou............................. 3

Nivernais.......................... 2

Lorraine........................... 2

Artois............................. 1

Alsace............................. 1

Touraine........................... 1

Limousin........................... 1

Provence........................... 1

Dauphiné.......................... 1

Lyonnais........................... 1

Documents diplomatiques............... 9

Croisades et sciences militaires........... 7

Jurisprudence et administration.......... 4

Histoire littéraire et philologie.......... 10

Archéologie.......................... 18

Sciences............................ 3

TABLEAU MÉTHODIQUE

DES OUVRAGES PUBLIÉS DANS LA COLLECTION DES DOCUMENTS INÉDITS RELATIFS À L'HISTOIRE
DE FRANCE CLASSÉS PAR MATIÈRE.

HISTOIRE GÉNÉRALE DE FRANCE.

Bulletins et Revue des Sociétés savantes.
Mémoires lus à la Sorbonne.
Inscriptions de la France.
Mélanges historiques.

Nouveaux Mélanges.

Dix cartulaires (voyez la division HISTOIRE LOCALE).

Histoire du tiers état en France (voyez la division HISTOIRE LOCALE).

Les Olim.

Livre de jostice et de plet.

Histoire de la guerre de Navarre.

Procès des Templiers.

Lettres et mandements de Charles V.

Lettres des rois et reines.

Chronique de Bertrand Duguesclin.

Chronique du religieux de Saint-Denis.

Journal des États généraux tenus à Tours en 1484.

Procès-verbaux du conseil de régence de Charles VIII.

Captivité de François Ier.

Négociations sous François II.

Procès-verbaux des États généraux en 1593.

Lettres de Henri IV.

Conférences de Loudun.

Correspondance et papiers d'État du cardinal de Richelieu.

Correspondance de Sourdis.

Lettres de Mazarin.

Journal d'Olivier d'Ormesson.

Mémoires de Nicolas Foucault.

Négociations relatives à la succession d'Espagne.

Mémoires militaires relatifs à la succession d'Espagne.

HISTOIRE LOCALE.

Île-de-France . . . .
- Statistique monumentale de Paris.
- Cartulaire de Notre-Dame de Paris.
- Règlements d'Étienne Boileau.
- Livre de la taille de Paris.
- Inscriptions de la France, tome Ier (ancien diocèse de Paris).

Picardie . . . .
- Histoire du tiers état en France (Amiens et l'Amiénois, Abbeville et le Ponthieu).
- Répertoire archéologique de l'Oise.
- Dictionnaire topographique de l'Aisne.
- Monographie de Notre-Dame de Noyon.

Artois.............. Cartulaire de Saint-Bertin.

Lorraine............ { Dictionnaire topographique de la Meurthe.
Dictionnaire topographique de la Meuse.

Alsace............. Dictionnaire topographique du Haut-Rhin.

Bourgogne.......... { Cartulaire de Cluny.
Dictionnaire topographique de l'Yonne.
Répertoire archéologique de l'Yonne.

Champagne.......... { Archives administratives et législatives de Reims.
Mémoires de Claude Haton.
Dictionnaire topographique de l'Aube.
Répertoire archéologique de l'Aube.

Normandie.......... { Chronique des ducs de Normandie.
Répertoire archéologique de la Seine-Inférieure.
Cartulaire de la Sainte-Trinité-du-Mont de Rouen[1].
Comptes des dépenses de la construction du château de Gaillon.
Mémoires de Nicolas Foucault.

Bretagne............ { Cartulaire de Redon.
Répertoire archéologique du Morbihan.
Dictionnaire topographique du Morbihan.
Chronique de Duguesclin suivie de la chronique de Guillaume de Saint-André.

Orléanais et pays Chartrain............. { Mistère du siége d'Orléans.
Dictionnaire topographique de l'Eure-et-Loir.
Cartulaire de Saint-Père de Chartres.
Monographie de la cathédrale de Chartres.

Touraine............ Journal des États généraux tenus à Tours en 1484.

Poitou............. { Peintures à fresque de Saint-Savin.
Mémoires de Nicolas Foucault.
Conférences de Loudun.

Limousin............ Cartulaire de Beaulieu.

[1] Joint au cartulaire de Saint-Bertin.

Nivernais	Dictionnaire topographique de la Nièvre.
	Répertoire archéologique de la Nièvre.

	Lettres des rois et reines.
	Croisade contre les Albigeois.
	Répertoire archéologique du Tarn.
Guyenne, Languedoc, pays	Dictionnaire topographique de la Dordogne.
Pyrénéens	Mémoires de Nicolas Foucault.
	Dictionnaire topographique des Basses-Pyrénées.
	Histoire de la guerre de Navarre.
	Dictionnaire topographique de l'Hérault.
	Dictionnaire topographique du Gard.

Provence . . . . Cartulaire de Saint-Victor de Marseille.

Dauphiné . . . . Cartulaire de Saint-Hugues de Grenoble.

Lyonnais . . . . Cartulaires de Savigny et d'Ainay.

DOCUMENTS DIPLOMATIQUES.

Lettres des rois et reines.
Priviléges accordés par le Saint-Siége à la couronne de France.
Négociations avec la Toscane.
Relations des ambassadeurs vénitiens.
Négociations entre la France et l'Autriche.
Captivité de François Ier.
Négociations de la France dans le Levant.
Papiers d'État du cardinal de Granvelle.
Négociations relatives à la succession d'Espagne.

CROISADES ET CAMPAGNES DIVERSES.

Instruction sur les Croisades.
Monuments de l'architecture militaire des croisés en Syrie.
Les Familles d'outre-mer de Du Cange.
Histoire de la guerre de Navarre.
Chronique de Bertrand Duguesclin.
Correspondance de Sourdis.
Mémoires militaires relatifs à la succession d'Espagne.

JURISPRUDENCE ET ADMINISTRATION.

Les Olim.
Livre de jostice et de plet.
Livre de la taille.
Recueil de la correspondance administrative sous Louis XIV.

HISTOIRE LITTÉRAIRE ET PHILOLOGIE.

Ouvrages inédits d'Abélard.
Les quatre livres des Rois.
Le livre des Psaumes de Cambridge.
Croisade contre les Albigeois.
Histoire de la guerre de Navarre.
Trésor de Brunetto Latini.
Chronique de Bertrand Duguesclin.
Mistère du siége d'Orléans.
Esclaircissement de la langue françoyse de maistre Jehan Palsgrave.
Instructions relatives aux poésies populaires.

ARCHÉOLOGIE ET PALÉOGRAPHIE.

Éléments de paléographie de M. de Wailly.
Diplômes militaires.
Quatre instructions du Comité (sur l'architecture à diverses époques; sur la musique).
Six répertoires archéologiques.
Statistique monumentale de Paris.
Monographie de Notre-Dame de Noyon.
Monographie de la cathédrale de Chartres.
Peintures à fresque de Saint-Savin.
Comptes des dépenses de la construction du château de Gaillon.
Inscriptions de la France.

SCIENCES.

Mémoires de Lavoisier.
OEuvres d'Augustin Fresnel.
OEuvres de Lagrange.

2º DIVISION CHRONOLOGIQUE.

En classant à un autre point de vue la collection selon les époques auxquelles les documents ont été écrits ou selon les époques dont traitent les documents, j'ai cru devoir adopter les divisions qui suivent:

Deux ouvrages qui remontent jusqu'à la période romaine;
Un à la période mérovingienne;
Un qui remonte au ve siècle;
Deux au viie siècle;
Cinq au ixe siècle;
Deux au xe siècle;
Quatre au xie siècle;
Neuf au xiie siècle;
Huit au xiiie siècle;
Cinq au xive siècle;
Trois au xve siècle;
Onze au xvie siècle;
Sept au xviie siècle;
Huit au xviiie siècle, limite extrême que le Comité s'est imposée dans ses recherches.

TABLEAU

DES OUVRAGES PUBLIÉS DANS LA COLLECTION DES DOCUMENTS INÉDITS RELATIFS À L'HISTOIRE DE FRANCE CLASSÉS PAR ORDRE CHRONOLOGIQUE ET PAR SIÈCLES.

De la période romaine.... Diplômes militaires.

De la période romaine au xviiie siècle .... ⟨ Statistique monumentale de Paris.
Mélanges historiques (1re et 2e série).
Bulletins et Revue des Sociétés savantes.
Dictionnaires topographiques et Répertoires archéologiques.

Du ve au xviiie siècle..... Inscriptions chrétiennes.

De la période méroving. etc. Éléments de paléographie.

Du viiᵉ au xiiᵉ siècle..... { Cartulaire de Saint-Bertin et appendice à ce cartulaire.
Cartulaire de Saint-Hugues de Grenoble.

ixᵉ et xᵉ siècle.......... Cartulaire de Cluny.

Du ixᵉ au xiiᵉ siècle..... { Cartulaire de Redon.
Cartulaire de Beaulieu.

Du ixᵉ au xiiiᵉ siècle..... { Cartulaire de Saint-Victor de Marseille.
Cartulaire de Notre-Dame de Paris.

Du xᵉ au xiiiᵉ siècle..... { Cartulaire de Saint-Père de Chartres.
Cartulaires de Savigny et d'Ainay.

xiᵉ siècle............ { Cartulaire de la Sainte-Trinité-du-Mont de Rouen.
Peintures à fresque de Saint-Savin.

Du xiᵉ au xviiiᵉ siècle.... Histoire du tiers état en France.

Du xiᵉ au xvᵉ siècle...... Archives administratives et législatives de Reims.

Du xiiᵉ au xiiiᵉ siècle.... { Monuments de l'architecture militaire des croisés en Syrie.
Les familles d'outre-mer de Du Cange.

xiiᵉ siècle............ { Ouvrages inédits d'Abélard.
Chronique des ducs de Normandie.
Les quatre livres des Rois.
Le Livre des psaumes de Cambridge.
Monographie de Notre-Dame de Noyon.
Monographie de la cathédrale de Chartres.

Du xiiᵉ au xviᵉ siècle..... Lettres des rois et reines.

xiiiᵉ siècle............ Croisade contre les Albigeois.

xiiiᵉ et xivᵉ siècle....... Les Olim.

Du xiiiᵉ au xviᵉ siècle.... Priviléges accordés par le Saint-Siége à la couronne de France.

xiiiᵉ siècle............ { Règlements d'Étienne Boileau.
Histoire de la guerre de Navarre.
Trésor de Brunetto Latini.
Livre de joslice et de plet.
Livre de la taille de Paris.

Du xive au xvie siècle. . . . . Négociations avec la Toscane.

xive siècle. . . . . { Procès des Templiers.
Lettres et mandements de Charles V.
Chronique de Bertrand Duguesclin.

xive et xve siècle . . . . Chronique du religieux de Saint-Denis.

xve siècle. . . . . { Mistère du siége d'Orléans.
Journal des États généraux tenus à Tours en 1484.
Procès-verbaux du conseil de régence de Charles VIII.

xvie siècle. . . . . { Négociations entre la France et l'Autriche.
Comptes des dépenses de la construction du château
    de Gaillon.
Captivité de François Ier.
Négociations de la France dans le Levant.
Relations des ambassadeurs vénitiens.
Papiers d'État du cardinal de Granvelle.
Négociations sous François II.
Esclaircissement de la langue françoyse de maistre
    Jehan Palsgrave.
Mémoires de Claude Haton.
Procès-verbaux des États généraux de 1593.

xvie et xviie siècle. . . . . . . Lettres de Henri IV.

xviie siècle. . . . . { Conférences de Loudun.
Correspondance et papiers d'État du cardinal de Ri-
    chelieu.
Correspondance de Sourdis.
Lettres de Mazarin.
Journal d'Olivier d'Ormesson.

xviie et xviiie siècle . . . . . { Mémoires de Nicolas Foucault.
Recueils de documents administratifs concernant le
    règne de Louis XIV.

xviiie siècle. . . . . { Négociations relatives à la succession d'Espagne.
Mémoires militaires relatifs à la succession d'Espagne.
Œuvres de Lavoisier.

Ce double inventaire de la collection a été particulièrement utile pour distribuer judicieusement et avec à-propos une masse aussi considérable d'ouvrages précieux, et pour apporter dans les libéralités de l'État un esprit d'ordre et de discernement. Voici à cet égard la manière dont l'Administration procède :

Par divers arrêtés de principe, la collection *complète* a été accordée, dès l'origine, à toutes les bibliothèques des chefs-lieux de département et à un grand nombre de bibliothèques publiques moins importantes, dont le total s'élève à plus de deux cents.

Après ces grands établissements, qui avaient droit *à la totalité* de l'œuvre, le Ministère a distribué soit des séries entières, soit certains ouvrages appropriés aux études locales. Pour cela, il s'est fait rendre compte des besoins du travail et de la nature des études dans le monde intellectuel. Ainsi a-t-on accordé des ouvrages plus ou moins nombreux aux bibliothèques des archives, des sociétés savantes, des cours et tribunaux, des facultés, des lycées, des évêchés, des grands séminaires, des écoles spéciales militaires ou de la marine, et à divers autres établissements publics. On peut en estimer le nombre à plus de deux cent cinquante.

Enfin, une fois pourvus les grands établissements, et quand le public a été à même de profiter des instruments de travail que l'État met à sa disposition, les auteurs, les collaborateurs, les membres des Comités, les savants qui préparent des travaux spéciaux ou qui invoquent des titres sérieux, dignes d'être pris en considération par Votre Excellence, peuvent obtenir des concessions de nos ouvrages et prennent part aux libéralités du Gouvernement.

Si, dans la distribution des Documents, la France est largement servie, les pays étrangers sont loin d'être oubliés. Dans toute l'Europe, et bien au delà, la collection complète, ou des séries importantes, ont été mises à la disposition des principales bibliothèques publiques, des principaux établissements scientifiques. Le monde savant, jugeant ainsi en connaissance de cause, a pu apprécier l'érudition française, dont il mettait à profit les travaux et les recherches.

Deux cent cinq établissements étrangers [1] ont obtenu des concessions de la collection. Ces deux cent cinq concessions, classées suivant les pays, se répartissent ainsi qu'il suit :

États-Unis d'Amérique................................	13
Pérou..	1
Brésil	2
Gouvernement d'Haïti.................................	1
Gouvernement Hawaïen	1
Égypte..	4
Angleterre et colonies anglaises......................	39
Autriche	16
Bade (Grand-duché de)	3
Bavière	3
Belgique	19
Danemark...	4
Espagne..	4
Grèce..	2
Italie..	23
Pays-Bas...	3
Portugal	2
Prusse...	15
Roumanie	1
Russie...	6
Saxe	6
Suède et Norwége.....................................	6
Suisse..	23
Turquie..	4
Wurtemberg	4
TOTAL....................	205

Si l'on ajoute aux distributions que nous venons d'indiquer approximativement les chiffres de deux cents exemplaires mis en vente par la maison Didot, vous pourrez vous rendre compte, Monsieur le Ministre,

---

[1] Ou établissements français à l'étranger.

de l'emploi des mille vingt-cinq exemplaires du tirage de chaque ouvrage. J'ai été obligé d'employer à dessein le mot *approximativement*, car la distribution des ouvrages n'est jamais uniforme. En effet, si vous exceptez les établissements qui reçoivent de droit la collection complète, on ne saurait, en tout autre cas, répartir systématiquement nos ouvrages. Distribuer de la même façon ou aux mêmes établissements un ouvrage de jurisprudence tel que les Olim, de philosophie tel que les OEuvres d'Abélard, et l'architecture militaire des croisés ou les OEuvres de Lavoisier, serait un gaspillage sous le nom de régularité.

Chaque distribution se fait, une fois que vous l'avez approuvée, suivant la nature de l'ouvrage et le public savant auquel elle s'adresse. Mais elle se fait toujours, on peut le dire hautement, de manière à servir les intérêts de la science, et avec la plus libérale équité.

IV

CONCLUSION.

Telle est, Monsieur le Ministre, l'histoire de notre collection. Sans insister sur aucun des faits que je me suis contenté d'énoncer et de placer à leur date, je m'arrête ici. Un dernier fait seulement doit être mentionné, qui sera comme la conclusion de ce rapport et comme la sanction impartiale de notre œuvre : je veux parler de l'assentiment des Gouvernements de l'Europe, qui tous ont demandé au Gouvernement notre collection pour leurs bibliothèques, et qui, presque tous, l'ont imité. Aucun jugement n'est plus élevé, plus désintéressé que celui-là.

Devant un témoignage pareil, d'autant plus flatteur qu'il est plus indirect, tous ceux qui ont concouru à l'accomplissement de ce beau travail se trouvent suffisamment récompensés. Aussi n'ai-je pas à redire ici les noms des hommes qui, à tous les degrés de la hiérarchie administrative, ont conspiré au succès de ce travail collectif, patient et éminemment national.

D'ailleurs, qu'il soit permis de le dire, il n'appartient pas à celui qui écrit ces lignes de faire ici l'éloge de beaucoup de personnes qui ont été ses chefs, sont restés ses amis et, comme lui, ne voient dans ce labeur qu'un devoir public.

Depuis 1834, les ministres, les directeurs, les secrétaires généraux, les chefs de bureau se sont succédé dans la direction du service des travaux historiques[1]. Tous ont apporté la même ferme volonté à faciliter la réalisation des projets du Comité, la même persévérance à justifier par un succès sérieux et européen les sacrifices que s'imposait l'État; aucun n'a hésité à réprimer les abus lorsqu'il s'en présentait, témoin MM. Rouland, Duruy, de Fourtou, qui, dans les circulaires citées ci-dessus[2], ont parlé avec l'autorité décisive que donne le soin d'un intérêt national.

Que serait-ce si j'avais le droit de rappeler et d'apprécier les services rendus à l'histoire par une foule d'auxiliaires, dont les uns sont illustres et les autres au début de la vie littéraire? Il faudrait entrer ici dans une voie nouvelle et, pour marquer clairement des résultats que les chiffres ne suffisent plus à indiquer, il faudrait décrire en détail les formes très-diverses et très-libres d'un travail dont le but est déterminé, dont les instruments sont multiples. J'indiquais plus haut les développements inattendus que M. Fortoul avait donnés tout à coup à notre entreprise en y attachant la publication des *Chansons populaires* et celle des *Anciens poëtes français*[3]. Sans sortir de la route qui nous était tracée, M. Guizot avait deviné et espéré que la publication des *Documents* ne serait pas seulement l'exécution d'un plan conçu à Paris, qu'elle donnerait une vive impulsion aux recherches érudites sur tous les points de la France, et enfin que l'organisation du travail devait créer des travailleurs. C'est ce qui est arrivé. Pour n'en citer qu'un exemple, notre série des Cartulaires a servi de modèle à

---

[1] Voir Appendice, pièce n° XIV.
[2] Voir Appendice, pièces n°° III, IV, V, VII, XII et XIII.
[3] Cette collection a été publiée en dehors de la nôtre, mais avec le concours de l'Administration, par M. Guessard : dix volumes ont été édités.

nombre de publications provinciales qui sont venues jeter un jour tout nouveau sur notre histoire locale et sur l'histoire générale du moyen âge.

Il importe donc de rendre justice à cette grande idée qu'on a eue de provoquer l'expansion libre des études supérieures, et nous rappellerons les paroles mêmes de M. Guizot, c'est-à-dire du Ministre qui, dans le même temps, organisa l'instruction primaire par la loi de 1833 et renouvela les travaux d'érudition. Il embrassait du même coup d'œil les plus modestes écoles rurales et les régions les plus élevées et les plus fécondes de la pensée humaine :

« Au moment où l'instruction populaire se répand de toutes part, et où les efforts dont elle est l'objet amènent, dans les classes nombreuses qui sont vouées au travail manuel, un mouvement d'esprit énergique, il importe beaucoup que les classes aisées, qui se livrent au travail intellectuel, ne se laissent point aller à l'indifférence et à l'apathie. Plus l'instruction élémentaire deviendra générale et active, plus il est nécessaire que les hautes études, les grands travaux scientifiques soient également en progrès. Si le mouvement intellectuel allait toujours croissant dans les masses pendant que l'inertie régnerait dans les régions élevées de la société, il en résulterait tôt ou tard une dangereuse perturbation. Je regarde donc comme un devoir imposé au Gouvernement, dans l'intérêt social, de prêter également son appui, et d'imprimer, autant qu'il est en lui, une impulsion harmonique à toutes les études, à la science haute et pure aussi bien qu'à l'instruction pratique et populaire. »

On le voit, dans ce passage est exprimée l'idée même qui depuis a grandi et s'est popularisée sous le nom nouveau des *hautes études*. Il n'est donc pas sans intérêt de le rappeler à l'heure où se préparent des lois importantes sur la liberté de l'enseignement supérieur, sur l'exercice de la médecine et sur toutes les questions de cette nature. Mais ces questions mêmes relèvent d'un autre service administratif, et d'ailleurs il appartient au monde savant d'entrer dans le détail des mouvements d'esprit ou des publications individuelles dont nous parlons ici, comme aussi de marquer le progrès que ce travail a fait faire à la science.

Je cède donc la parole aux savants qui ont bien voulu se charger de cet exposé. Ce sont :

Pour l'histoire, *M. Léopold Delisle*, membre de l'Institut;
Pour l'archéologie, *M. Léon Renier*, membre de l'Institut;
Pour les sciences, *M. Blanchard*, membre de l'Institut.

Je suis avec respect, Monsieur le Ministre,

de Votre Excellence,

le très-obéissant serviteur.

Le Chef de la division des Sciences et Lettres,

B^{on} DE WATTEVILLE.

31 août 1874.

APPENDICE.

Monsieur le Ministre,

Pour ne pas interrompre l'exposé des faits que j'ai eu l'honneur de mettre sous les yeux de Votre Excellence, j'ai cru devoir réserver un certain nombre de pièces; il est nécessaire d'en connaître et d'en donner ici le texte même. Ce sont les circulaires, les rapports, les décrets, les arrêtés, des nomenclatures de divers ordres qui forment les pièces justificatives du travail précédent. Je les groupe dans cet Appendice en remontant jusqu'au siècle dernier.

Si l'on s'abstient de donner *in extenso* les différentes circulaires de M. Guizot, qui, sous le titre de *Rapport au Roi*, forment un ouvrage entier, c'est qu'on les trouvera toutes résumées dans un des premiers volumes de la collection.

Nous prendrons pour point de départ l'arrêt du Conseil rendu sur la proposition de M. Bertin, ministre d'État du roi Louis XV.

I

ARRÊT DU CONSEIL.

Le Roi s'étant fait rendre compte, dans son conseil, du succès des mesures qu'il a cru devoir prendre jusqu'ici pour encourager les études de l'histoire et du droit public de son royaume, et pour en faciliter les progrès, Sa Majesté a reconnu qu'il était important d'écarter de ce genre de travail l'intérêt des partis, qui ne produit que des systèmes, et d'y substituer la recherche impartiale de tous les monuments qui seuls peuvent garantir et attester la vérité des faits. C'est dans cette vue que Sa Majesté, intéressée à veiller également à la conservation et à la recherche desdits monuments, a ordonné qu'il serait formé, sous les yeux de l'un de ses ministres, un dépôt général qui pût servir d'indication à tous les autres dépôts et faciliter les études de tous les savants qui doivent y puiser. Le plan que Sa Majesté a suivi dans cet établissement a répondu parfaitement à l'objet qu'elle s'était proposé. D'un côté, la congrégation de Saint-Maur a offert le secours de ceux de ses religieux qui, occupés à la composition des histoires des différentes provinces, en recueillent avec soin les titres et les chartes; d'un autre côté, un très-grand-nombre de savants laborieux se sont empressés dans les provinces de concourir à un travail si utile, et, par les soins des uns et des autres, il devient de jour en jour plus facile de joindre à l'immense catalogue des chartes déjà connues le catalogue plus nombreux encore de celles qui sont ensevelies dans l'obscurité des dépôts. Les travaux qui doivent enrichir cette immense collection ne sont pas même bornés aux dépouillements qui ont été faits et qui se font journellement dans les archives du royaume. Sa Majesté a fait faire à ses frais les recherches les plus exactes dans les dépôts étrangers, où l'on pouvait trouver des titres utiles à l'histoire et au droit public de la France; c'est dans cette vue que, dans un voyage fait exprès à Londres, on a visité, par son ordre, les archives de la Tour, de la bibliothèque nommée le *Muséum*, et plusieurs autres dépôts publics de cette capitale, d'où l'on a rapporté en France des copies exactes d'une foule innombrable de monuments intéressants, dont il est maintenant nécessaire de fixer l'ordre et l'emploi. La révision de tous ces travaux, s'ils sont conduits uniformément au but que Sa Majesté s'est proposé en les ordonnant, lui fait espérer de pouvoir procurer au dépôt dont il s'agit le double avantage de devenir un jour, et un répertoire des connaissances historiques les plus importantes, et une table générale destinée à se procurer facilement et dans le plus grand détail toutes celles que l'on peut y ajouter. Un établissement si utile exigeant le concours de citoyens sur lesquels l'honneur fait infiniment plus d'impression que toutes les récompenses pécuniaires, Sa Majesté a cru devoir, d'un côté, leur procurer l'avantage de se faire connaître, par l'établissement d'une société littéraire qui pourra devenir pour eux un objet d'émulation; d'un autre côté, diriger et encourager leurs travaux par un règlement général, qui réunira autour d'un centre commun, et tournera vers un objet unique, et leurs recherches et leurs études. A quoi voulant pourvoir, ouï le rapport, le Roi, en son conseil, a ordonné et ordonne ce qui suit :

Article premier. Sa Majesté a confirmé et confirme l'établissement d'un dépôt général des chartes et monuments du droit public : lequel dépôt sera composé, et des notices de tous les titres renfermés dans les dépôts royaux, et des copies qui pourront y être rassemblées, et de tous les monuments intéressants renfermés dans les chartiers particuliers.

Art. 2. Pour aviser aux moyens d'enrichir de plus en plus ledit dépôt, et pour en tirer, pour le progrès des sciences et de l'histoire du royaume, tous les avantages qu'il peut procurer, veut et entend Sa Majesté qu'il soit formé un bureau littéraire *dont les différents membres s'assembleront tous les quinze jours* dans ledit dépôt pour examiner les progrès, pour juger du mérite des pièces qui y seront envoyées, et pour suggérer au Ministre de Sa Majesté les différentes vues qui peuvent, ou assurer la conservation des monuments, ou en rendre la recherche plus facile et plus avantageuse.

Art. 3..

Art. 4. Ledit bureau examinera avec le plus grand soin les copies et titres anciens qui ont déjà été envoyés audit dépôt, ainsi que celles qui ont été apportées d'Angleterre par le sieur de Bréquigny, de l'Académie des inscriptions et belles-lettres, d'après lequel examen il sera dressé sur chacune un arrêté, pour en constater le caractère ou la vérité; et chaque pièce, accompagnée du jugement qui en aura été porté, sera placée et rangée dans ledit dépôt, dans l'ordre que ledit bureau croira lui convenir.

Art. 5..

Art. 6. Les membres dudit bureau littéraire, en procédant auxdits examens, composeront des tables ou inventaires de tous lesdits monuments, pour servir, lesdites tables, de suite aux tables chronologiques des chartes imprimées et connues, lesquelles tables s'impriment actuellement par ordre de Sa Majesté; se réservant, Sadite Majesté, de donner ensuite auxdites pièces, ainsi examinées et jugées, le degré d'autorité dont elles pourront être susceptibles, et d'autoriser les dépositaires à en délivrer des copies collationnées à ceux qui pourraient en avoir besoin.

Art. 7..

Art. 8..

Art. 9. Pourra ledit bureau faire faire par ses correspondants dans les provinces, munis de lettres du Ministre de Sa Majesté, toutes les recherches qu'il croira nécessaires dans les dépôts royaux et y faire prendre des notices des chartes, titres et autres monuments..

....

Une note, écrite de la même main que le texte de l'arrêt qu'on vient de lire, nous apprend que le *bureau littéraire* créé par cet arrêt, qui devait tenir ses séances tous les quinze jours, et qui avait dans les provinces des correspondants, était composé de MM. de Foncemagne, Sainte-Palaye, Moreau, de Bréquigny, Béjot, Gibert, Chevalier, maître des comptes, Boucher d'Argis et Bouquet, avocats, et Chérin; de plus les mémoires sur l'histoire et sur le droit public, rédigés par les associés, et que le bureau littéraire jugerait mériter l'impression, devaient être imprimés aux frais du Roi, et cinquante exemplaires de chaque ouvrage revenaient de droit à l'auteur.

II

ARRÊTÉ

RELATIF À L'ORGANISATION DU COMITÉ DES TRAVAUX HISTORIQUES ET DES SOCIÉTÉS SAVANTES.

Le Ministre Secrétaire d'État au département de l'instruction publique et des cultes,

Vu les arrêtés des 18 juillet 1834, 10 janvier 1835, 18 décembre 1837, 30 août 1840, 5 septembre 1848, 14 septembre 1852, relatifs à la création et à l'organisation des Comités institués près le Ministère de l'instruction publique et des cultes,

Arrête :

Article premier. Le *Comité de la langue, de l'histoire et des arts de la France* prend le titre de *Comité des travaux historiques et des Sociétés savantes.*

Art. 2. Le Comité des travaux historiques et des Sociétés savantes est divisé en trois sections :

1° Section d'histoire et de philologie ;

2° Section d'archéologie ; .

3° Section des sciences.

Art. 3. Il se compose de membres titulaires, de membres honoraires et de membres non résidants. Il a, dans chacun des départements, des correspondants qui portent le titre de *Correspondants du Ministère de l'instruction publique,* et dont le nombre ne peut dépasser deux cents. ⸱

Art. 4. Le Ministre de l'instruction publique est président du Comité. Il désigne, pour chaque section, un vice-président et un secrétaire choisis parmi les membres titulaires.
Un secrétaire est, en outre, attaché au Comité.

Art. 5. Chaque section se réunira une fois par mois, le lundi.

Art. 6. La réunion générale du Comité aura lieu quatre fois par an. Le Ministre convoque, lorsqu'il le juge convenable, une réunion extraordinaire.

Art. 7. En l'absence du Ministre, les séances générales du Comité sont présidées alternativement par chacun de MM. les vice-présidents.

Art. 8. Les membres titulaires ont, seuls, voix délibérative. Les membres honoraires et les membres non résidants ont voix consultative.

Art. 9. Les correspondants du Ministère, les présidents et secrétaires perpétuels des Sociétés savantes, qui se trouveront momentanément à Paris, pourront assister à toutes les séances du Comité.

Lorsque le Comité devra examiner une question intéressant une Société savante, cette Société pourra être invitée à envoyer un délégué qui assistera à la séance et sera entendu.

Art. 10. Chaque section examine, suivant l'ordre de ses travaux, les projets de publication pour la *Collection des documents inédits*, et en propose directement au Ministre l'adoption ou le rejet.

Art. 11. Des commissaires choisis par le Ministre dans les sections surveillent l'impression des volumes de cette collection, conformément à l'arrêté du 26 janvier 1857.

Art. 12. Les sections peuvent être chargées par le Ministre de publier des documents ou des travaux historiques et scientifiques.

Art. 13. Chaque section prend connaissance des envois des correspondants et statue sur l'insertion de ces communications dans la *Revue des Sociétés savantes*.

Elle donne son avis sur la formation des listes de correspondants, qui sont revisées tous les deux ans.

Elle prépare les instructions nécessaires pour diriger les recherches des correspondants, et rédige des instructions spéciales pour les Sociétés savantes qui les demanderont au Ministre.

Art. 14. Chaque section remet, tous les mois, au Ministre un compte rendu des publications des Sociétés savantes de la France qui sont parvenues au Ministère dans le mois précédent. Ce compte rendu est publié dans la *Revue des Sociétés savantes*.

Art. 15. Les sections donnent leur avis sur les encouragements qui peuvent être accordés par le Ministre aux Sociétés savantes.

Elles donnent également un avis motivé, au point de vue scientifique, sur les demandes en reconnaissance légale formées par ces Sociétés.

Elles présentent tous les ans au Ministre la liste des correspondants et des membres des Sociétés savantes qui leur paraissent mériter des récompenses honorifiques ou des encouragements.

7

Art. 16. Trois prix annuels de *quinze cents francs* chacun pourront, à partir de 1859, être accordés aux Sociétés savantes qui présenteront les meilleurs mémoires, imprimés ou manuscrits, sur des questions proposées par le Comité sous l'approbation du Ministre.

Il sera décerné deux médailles pour chacun des prix : l'une de 300 francs à la Société qui aura présenté le mémoire couronné, et une autre de 1,200 francs à l'auteur ou aux auteurs de ce mémoire.

Chaque section, suivant sa spécialité, examinera les mémoires envoyés par les Sociétés savantes pour répondre aux questions proposées. Sur le rapport des sections, le Comité, en assemblée générale, dressera la liste des Sociétés qui lui paraîtront mériter les prix. Ces propositions seront soumises à l'approbation du Ministre.

Art. 17. Les secrétaires de chaque section sont chargés de préparer, sous l'approbation du Ministre, les travaux de leur section. Ils en confèrent avec le vice-président.

Art. 18. Dans les séances générales du Comité, les secrétaires des sections présentent un rapport sur les travaux de leur section et font connaître les communications des correspondants.

Art. 19. Le secrétaire du Comité est l'auxiliaire des secrétaires des sections. Il assiste à toutes les séances, dépouille la correspondance et la communique aux secrétaires des sections. Il rédige, sous leur direction, les procès-verbaux des séances.

Art. 20. Des jetons de présence sont distribués, dans les séances du Comité et des sections, aux membres titulaires, aux membres honoraires et aux membres non résidants.

Art. 21. La bibliothèque des Sociétés savantes est réunie à la bibliothèque du Comité, qui prendra le titre de *Bibliothèque du Comité des travaux historiques et des Sociétés savantes.*

Cette bibliothèque sera ouverte tous les jours aux membres du Comité.

Art. 22. Le directeur du personnel et du secrétariat général est chargé de l'exécution du présent arrêté.

Fait à Paris, le 22 février 1858.

ROULAND.

III

DÉCRET.

Napoléon, par la grâce de Dieu et la volonté nationale, Empereur des Français,

A tous présents et à venir, salut.

Sur le rapport de notre Ministre Secrétaire d'État au département de l'instruction publique,

Voulant encourager dans les départements les hautes études d'histoire, d'archéologie et de science,

Avons décrété et décrétons ce qui suit :

Article premier. Il est institué dans chaque ressort académique de l'Empire un prix annuel de 1,000 francs, qui sera décerné à l'ouvrage ou au mémoire qui sera jugé le meilleur, sur quelque point d'histoire politique ou littéraire, d'archéologie ou de science, intéressant les départements compris dans le ressort.

Ne prennent point part à ce concours les personnes résidant dans le département de la Seine.

Art. 2. Chaque année, un prix de 3,000 francs sera décerné par le Comité des travaux historiques et des Sociétés savantes à l'ouvrage jugé le meilleur parmi ceux qui, durant l'année précédente, auront été couronnés dans les concours académiques établis par l'article 1er.

Art. 3. Les dépenses nécessaires audit concours seront imputées sur les fonds affectés au budget du Ministère de l'instruction publique pour le service des sciences et des lettres.

Art. 4. Notre Ministre Secrétaire d'État au département de l'instruction publique est chargé de l'exécution du présent décret.

Fait au palais des Tuileries, le 30 mars 1869.

Signé NAPOLÉON.

Par l'Empereur :

Le Ministre Secrétaire d'État
au département de l'instruction publique,

V. DURUY.

IV

ARRÊTÉ.

Le Ministre Secrétaire d'État au département de l'instruction publique,

Vu le décret du 30 mars 1869, par lequel il est institué dans chaque ressort académique de l'Empire un prix annuel de 1,000 francs, qui sera décerné à l'ouvrage ou au mémoire qui sera jugé le meilleur, sur quelque point d'histoire politique ou littéraire, d'archéologie ou de science, intéressant les départements compris dans le ressort,

Arrête :

Article premier. Le prix ci-dessus mentionné sera décerné alternativement, en 1869, sur un travail d'histoire politique ou littéraire; en 1870, sur une question d'archéologie; en 1871, sur une question de sciences, et successivement dans le même ordre les années suivantes.

Art. 2. Le choix des sujets est laissé aux concurrents.

Art. 3. Sont admis à concourir tous les ouvrages et mémoires manuscrits ou imprimés, sous la réserve que les auteurs résident dans le ressort académique et que les ouvrages ou mémoires imprimés n'auront pas été publiés plus de trois ans avant le terme fixé pour le concours.

Art. 4. Sont exclus du concours les ouvrages ou mémoires qui auront été déjà couronnés par l'Institut.

Art. 5. Le jury chargé de décerner le prix est composé, sous la présidence du recteur : 1° de délégués des Sociétés savantes du ressort académique, dont les travaux se rapportent à l'objet du concours; 2° de membres choisis par le Ministre en nombre inférieur à celui desdits délégués. Les concurrents ne peuvent faire partie du jury.

Art. 6. La proclamation du prix aura lieu dans la séance solennelle de la rentrée des facultés. Elle sera précédée de la lecture du rapport fait au nom du jury.

Art. 7. Le prix annuel de 3,000 francs, institué par l'article 2 du décret précité en faveur du meilleur des ouvrages couronnés dans les concours académiques, sera proclamé dans la réunion des Sociétés savantes qui a lieu chaque année à Paris sous la présidence du Ministre.

Art. 8. Les recteurs sont chargés, chacun en ce qui le concerne, de l'exécution du présent arrêté.

Fait à Paris, le 31 mars 1869.   Signé V. DURUY.

V

DÉCRET.

Le Président de la République française,

Sur le rapport du Ministre de l'instruction publique, des cultes et des beaux-arts,

Décrète :

Article premier. Le décret du 30 mars 1869, relatif aux concours annuels entre les Sociétés savantes de chaque Académie, est rapporté.

Art. 2. Le Ministre de l'instruction publique, des cultes et des beaux-arts est chargé de l'exécution du présent décret.

Fait à Versailles, le 21 décembre 1872.

Signé A. THIERS.

Par le Président :

*Le Ministre de l'instruction publique, des cultes
et des beaux-arts,*

JULES SIMON.

VI

ARRÊTÉ.

Le Ministre de l'instruction publique, des cultes et des beaux-arts,

Sur la proposition du Comité des travaux historiques et des Sociétés savantes,

Arrête :

Article premier. Une allocation de 3,000 francs sera mise annuellement à la disposition de chacune des sections d'histoire, d'archéologie et des sciences du Comité des travaux historiques et des Sociétés savantes, pour être distribuée, à titre d'encouragement, soit aux Sociétés savantes des départements, soit aux savants dont les travaux auront contribué le plus efficacement au progrès de l'histoire, de l'archéologie et des sciences.

Art. 2. Cette allocation sera accordée pour la première fois en 1873.

Art. 3. L'arrêté du 31 mars 1869, relatif aux concours académiques, est rapporté.

Fait à Paris, le 25 décembre 1872.

Signé JULES SIMON.

VII

ARRÊTÉ.

Le Ministre de l'instruction publique, des cultes et des beaux-arts,

Vu le projet de règlement présenté par les sections d'histoire et d'archéologie du Comité des travaux historiques,

Arrête :

Article premier. La section d'histoire et de philologie et la section d'archéologie se composent : la première de trente membres titulaires, et la seconde, de vingt-cinq.

Art. 2. Ces membres sont nommés par le Ministre, après avis de la section compétente, qui présente trois candidats pour chaque place vacante.

Art. 3. En cas de vacances, le Comité, saisi par le Ministre, est chargé de faire des propositions pour pourvoir auxdites vacances ; en outre, tous les ans, au mois de juillet, chacune des sections nomme une commission de trois membres chargée :

1° De constater le nombre des vacances qui ont pu se produire dans la section, par suite des causes de radiation énumérées dans l'article 4 ;

2° De dresser une liste de candidats.

Chaque commission fait son rapport à la section dans la séance du mois de décembre.

Tous les membres ont droit dans cette séance de proposer l'adjonction de nouveaux noms à la liste des candidats dressée par la Commission. Dans la séance du mois de janvier, il est procédé au choix définitif des candidats qui seront présentés au Ministre. Le vote a lieu au scrutin secret. Sont présentés au Ministre les candidats qui ont réuni, au premier tour, la majorité absolue, et, au second, la majorité relative des suffrages.

Art. 4. Tout membre qui, sans motifs justifiés, aura manqué pendant une année aux séances de la section, ou qui, durant deux ans, n'aura pas fait de rapport, sera considéré comme démissionnaire.

Art. 5. Tout membre non résidant, ou tout correspondant qui vient habiter Paris, perd, par ce seul fait, son titre de membre non résidant, ou correspondant.

Art. 6. Lorsqu'un membre titulaire, membre non résidant, honoraire ou correspondant, est intéressé personnellement dans une question, la discussion et le vote ont lieu en son absence, à moins d'une décision contraire de la section.

Fait à Paris, le 21 février 1874.

Signé : DE FOURTOU.

VIII

LISTE

DES MEMBRES TITULAIRES, HONORAIRES ET NON RÉSIDANTS DU COMITÉ DES TRAVAUX HISTORIQUES ET DES SOCIÉTÉS SAVANTES, DES CORRESPONDANTS ET DES CORRESPONDANTS HONORAIRES DU MINISTÈRE DE L'INSTRUCTION PUBLIQUE POUR LES TRAVAUX HISTORIQUES.

1874.

1° MEMBRES TITULAIRES DU COMITÉ.

Membres de droit.

M. le Vᵗᵉ A. DE CUMONT, Ministre de l'instruction publique, des cultes et des beaux-arts.

M. DESJARDINS, sous-secrétaire d'État au Ministère de l'instruction publique.

SECTION D'HISTOIRE ET DE PHILOLOGIE.

Président.

M. DELISLE (Léopold), membre de l'Institut.

Vice-Président.

M. LASCOUX, conseiller à la Cour de cassation.

Secrétaire.

M. HIPPEAU, professeur de Faculté honoraire.

Membres titulaires.

MM.

BARTHÉLEMY (Anatole DE), secrétaire de la Commission de topographie des Gaules.

BELLAGUET, chef de division honoraire au ministère.

BOUTARIC, professeur à l'École des chartes, chef de section aux Archives nationales.

COCHERIS, bibliothécaire à la bibliothèque Mazarine.

COURSON (A. DE), conservateur sous-directeur adjoint à la Bibliothèque nationale.

Dauban, conservateur sous-directeur adjoint **au département des estampes à la** Bibliothèque nationale.

Desnoyers, membre de l'Institut.

Guessard, membre de l'Institut.

Jourdain, membre de l'Institut, inspecteur général de l'instruction publique.

Lalanne (Ludovic), membre du Conseil de la Société de l'histoire de France.

Levasseur, membre de l'Institut.

Marty-Laveaux, ancien secrétaire de l'École des chartes.

Mas-Latrie (De), chef de section aux Archives nationales.

Meyer (Paul), secrétaire de l'École des chartes.

Michelant, conservateur sous-directeur adjoint au département des manuscrits de la Bibliothèque nationale.

Patin, membre de l'Institut, doyen de la Faculté des lettres.

Rathery, conservateur sous-directeur adjoint au département des imprimés de la Bibliothèque nationale.

Ravenel, conservateur sous-directeur au département des imprimés de la Bibliothèque nationale.

Rendu (Eug.), inspecteur général de l'instruction primaire.

Rozière (De), membre de l'Institut, inspecteur général des archives départementales.

Servois, secrétaire adjoint de la Société de l'histoire de France.

Théry, inspecteur général honoraire de l'instruction publique.

Valentin-Smith, conseiller honoraire à la Cour de Paris.

Wey (Francis), inspecteur général des archives départementales.

SECTION D'ARCHÉOLOGIE.

Président.

M. le marquis DE LA GRANGE, membre de l'Institut.

Vice-Président.

M. Renier (Léon), membre de l'Institut, conservateur administrateur de la bibliothèque de l'Université.

Secrétaire.

M. Chabouillet, conservateur sous-directeur au département des médailles et antiques à la Bibliothèque nationale.

Membres titulaires.

MM.

Barthélemy (Édouard de), ancien auditeur au Conseil d'État.

BERTRAND (Alexandre), conservateur du musée gallo-romain de Saint-Germain-en-Laye.

BERTRAND (Gustave), ancien élève de l'École des chartes.

BOESWILLWALD, inspecteur général des monuments historiques.

CLÉMENT DE RIS (Comte), attaché au musée du Louvre.

DARCEL, directeur de la manufacture des Gobelins.

DOUËT D'ARCQ, sous-chef de section aux Archives nationales.

DUMONT (Albert), sous-directeur de l'École d'Athènes, à Rome.

GUILHERMY (Baron DE), conseiller référendaire à la Cour des comptes.

HAMILLE (Victor), directeur honoraire de l'administration des cultes.

HERSART DE LA VILLEMARQUÉ (Vicomte), membre de l'Institut.

LACROIX (Paul), conservateur à la bibliothèque de l'Arsenal.

LANCE, architecte diocésain.

LENOIR (Albert), membre de l'Institut, secrétaire de l'École des beaux-arts.

LONGPÉRIER (DE), membre de l'Institut.

MARION, membre de la Commission des archives du ministère de l'intérieur.

MONTAIGLON (Anatole DE), professeur à l'École des chartes.

QUICHERAT (Jules), directeur de l'École des chartes.

SOMMERARD (DU), directeur du musée de Cluny.

SECTION DES SCIENCES.

Président.

M. LEVERRIER, membre de l'Institut, directeur de l'Observatoire de Paris.

Vice-Président.

M. MILNE EDWARDS, membre de l'Institut, doyen de la Faculté des sciences.

Secrétaire.

M. BLANCHARD, membre de l'Institut, professeur au Muséum d'histoire naturelle.

Membres titulaires.

MM.

BAYLE, professeur à l'École des mines.

BERTRAND (Joseph), membre de l'Institut.

CAHOURS, membre de l'Institut.

CHATIN, membre de l'Institut, directeur de l'École de pharmacie.

CHEVREUL, membre de l'Institut, directeur du Muséum d'histoire naturelle.

CLÉMENT (Jules), ingénieur.

CROSSE, directeur de la *Revue de conchyliologie.*

DAUBRÉE, membre de l'Institut, professeur au Muséum d'histoire naturelle.

Decaisne, membre de l'Institut, professeur au Muséum d'histoire naturelle.

Dechambre, docteur en médecine.

Delafosse, membre de l'Institut, professeur au Muséum d'histoire naturelle.

Delesse, ingénieur des mines.

Desains, membre de l'Institut, professeur à la Faculté des sciences.

Duchartre, membre de l'Institut, professeur à la Faculté des sciences.

Faye, membre de l'Institut, inspecteur général de l'instruction publique.

Figuier, agrégé de l'École supérieure de pharmacie de Paris.

Haton, ingénieur en chef des mines.

Hébert, professeur à la Faculté des sciences de Paris.

Hervé-Mangon, membre de l'Institut.

Jamin, membre de l'Institut, professeur à la Faculté des sciences de Paris.

Jurien de la Gravière (Le vice-amiral), membre de l'Institut.

Lissajous, professeur au lycée Saint-Louis.

Pasteur, membre de l'Institut, professeur à la Faculté des sciences.

Petit, chef de division honoraire au ministère.

Puiseux, membre de l'Institut, professeur à la Faculté des sciences.

Renou, membre de la Société météorologique de France.

Robin (Charles), membre de l'Institut, professeur à la Faculté de médecine.

Sainte-Claire Deville (Charles), membre de l'Institut, professeur suppléant au Collége de France.

Serret, membre de l'Institut, professeur au Collége de France.

Turgan, ancien directeur du *Moniteur*.

Ville (Georges), professeur au Muséum d'histoire naturelle.

Wurtz, membre de l'Institut, doyen de la Faculté de médecine.

MM.

De la Villegille, membre de la Société des antiquaires de France, secrétaire du Comité des travaux historiques.

Watteville (Baron de), chef de la division des sciences et des lettres.

E. Servaux, chef de division adjoint chargé du bureau des travaux historiques et des Sociétés savantes.

2° MEMBRES HONORAIRES DU COMITÉ.

MM.

Bastard (Comte Auguste de).

Chéruel, recteur de l'Académie de Poitiers.

Dumas, membre de l'Institut.

Dumesnil, directeur de l'Enseignement supérieur.

Guéronnière (Vicomte de la).

Guigniaut, membre de l'Institut.

La Tour Dumoulin.

Naudet, membre de l'Institut.

Nieuwerkerke (Comte de), membre de l'Institut.

Nisard (Désiré), membre de l'Institut.

Paulin Paris, membre de l'Institut.

Ravaisson, membre de l'Institut.

Rouland (Gustave), ancien secrétaire général du ministère de l'Instruction publique.

Saulcy (De), membre de l'Institut.

Saussaye (De la), membre de l'Institut.

Struve, directeur de l'Observatoire de Pulkowa (Russie).

Tardif, chef de division à l'administration des cultes.

Taschereau, administrateur général de la Bibliothèque nationale.

Viollet-le-Duc, ancien inspecteur général des monuments historiques.

Wailly (Natalis de), membre de l'Institut.

3° MEMBRES NON RÉSIDANTS DU COMITÉ.

MMgrs

Le cardinal Donnet, archevêque de Bordeaux.

Le cardinal Mathieu, archevêque de Besançon.

MM.

Arbois de Jubainville (D'), correspondant de l'Institut (Académie des inscriptions et belles-lettres), archiviste du département de l'Aube, à Troyes.

Cherbonneau, correspondant de l'Institut (Académie des inscriptions et belles-lettres), à Alger.

Cochet (L'abbé), correspondant de l'Institut (Académie des inscriptions et belles-lettres), conservateur du musée de Rouen.

Coussemaker (E. de), correspondant de l'Institut (Académie des inscriptions et belles-lettres), à Lille.

Dumoutet (Jules), architecte, à Bourges.

Dusevel, inspecteur des monuments historiques du département de la Somme, à Amiens.

Germer-Durand, bibliothécaire de la ville de Nîmes.

Girardot (Baron de), ancien secrétaire général de la préfecture de la Loire-Inférieure, à Nantes.

Hucher, au Mans.

La Ferrière-Percy (Comte de), à Ronfeugerai, par Athis (Orne).

Linas (De), membre de l'Académie nationale d'Arras.

MANTELLIER, correspondant de l'Institut, président de chambre à la Cour d'Orléans.

MARCHEGAY, ancien archiviste de Maine-et-Loire, aux Roches-Baritaud (Vendée).

MICHEL (Francisque), correspondant de l'Institut (Académie des inscriptions et belles-lettres), à Bordeaux.

MORAND (François), juge au tribunal civil, à Boulogne-sur-Mer (Pas-de-Calais).

RÉVOIL (Henri), architecte diocésain, à Nîmes.

SOULTRAIT (Georges DE), membre du Conseil général du département de la Nièvre, à Lyon.

TAILLIAR, président honoraire à la Cour de Douai (Nord).

TEISSIER (Octave), membre de la Société académique du Var, à Marseille.

4° CORRESPONDANTS DU COMITÉ.

MM.

ALLMER (Auguste), associé correspondant de la Société des antiquaires de France, à Lyon.

AMÉ (Émile), architecte, à Clermont-Ferrand.

ANDRÉ (L'abbé), à Vaucluse (Vaucluse).

ARBAUMONT (D'), membre de la Commission archéologique de la Côte-d'Or, à Dijon.

AUBER (L'abbé), chanoine, à Poitiers.

AUBERTIN, ancien conservateur du musée de Beaune (Côte-d'Or).

AURÈS, ingénieur en chef des ponts et chaussées, à Nîmes.

AYMARD (Auguste), archiviste de la Haute-Loire, au Puy.

BACKER (DE), à Noordpeene, par Cassel (Nord).

BARBIER DE MONTAULT (Xavier), chanoine d'Anagni, à Poitiers.

BARRY, professeur d'histoire à la Faculté des lettres, à Toulouse.

BAUDOT (Henri), membre de la Commission archéologique de la Côte-d'Or, à Dijon.

BAUDRY (L'abbé), curé du Bernard (Vendée).

BEAUCHET-FILLEAU, juge de paix, à Chef-Boutonne (Deux-Sèvres).

BEAUNE (Henri), procureur général, à Alger.

BEAUREPAIRE (Charles ROBILLARD DE), archiviste de la Seine-Inférieure, à Rouen.

BLANCARD, archiviste des Bouches-du-Rhône, à Marseille.

BULLIOT, président de la Société Éduenne, à Autun (Saône-et-Loire).

CAILLEMER (E.), professeur à la Faculté de droit, à Grenoble.

CANAT (Marcel), membre de la Société d'histoire et d'archéologie, à Chalon-sur-Saône (Saône-et-Loire).

CANÉTO (L'abbé), vicaire général du diocèse, à Auch.

CARNANDET (J. B.), bibliothécaire de la ville, à Chaumont.

Carro, bibliothécaire de la ville, à Meaux (Seine-et-Marne).

Castan (Auguste), bibliothécaire de la ville, à Besançon.

Castelnau d'Essenault (De), avocat, au château de Paillet, par Langoiran (Gironde).

Charles (Léopold), bibliothécaire de la ville, à la Ferté-Bernard (Sarthe).

Chassaing (Augustin), juge au tribunal de première instance, au Puy.

Chatel, archiviste du Calvados, à Caen.

Chevalier (L'abbé), membre de la Société d'archéologie de la Drôme, à Romans.

Chevrier (Jules), membre de la Société d'histoire et d'archéologie, à Chalon-sur-Saône (Saône-et-Loire).

Clerc (Édouard), président de chambre honoraire à la Cour d'appel, à Besançon.

Combes (Anacharsis), membre de la Société littéraire et scientifique de Castres (Tarn).

Combes (François), professeur à la Faculté des lettres, à Bordeaux.

Combet, avocat, à Uzerche (Corrèze).

Corblet (L'abbé), directeur de la *Revue de l'Art chrétien*, à Amiens.

Couaraze de Lâa, professeur de philosophie au lycée, à Albi.

Cournault (Charles), conservateur du musée lorrain, à Nancy.

Crozes (Hippolyte), ancien maire, à Albi.

Dehaisnes (L'abbé), archiviste de la ville, à Lille.

Deloye, conservateur du musée Calvet, à Avignon.

Deschamps de Pas, correspondant de l'Institut, ingénieur des ponts et chaussées, à Saint-Omer (Pas-de-Calais).

Desjardins (Abel), doyen de la Faculté des lettres, à Douai (Nord).

Desjardins (Gustave), archiviste de Seine-et-Oise, à Versailles.

Desjardins (T.), architecte, à Lyon.

Devals, archiviste de Tarn-et-Garonne, à Montauban.

Devoulx (Albert), conservateur des archives arabes des domaines, à Alger.

Drouyn (Léo), membre de l'Académie des sciences et belles-lettres, à Bordeaux.

Ducis (L'abbé), archiviste du département, à Annecy.

Duhamel, archiviste de la Corse, à Ajaccio.

Dupré, bibliothécaire de la ville, à Blois.

Durand (Hippolyte), architecte, à Tarbes.

Durand (Paul), architecte, à Chartres.

Féraud, interprète principal de l'armée d'Afrique, à Alger.

Fleury (Paul de), archiviste de Loir-et-Cher, à Blois.

Flouest, procureur de la République, à Lyon.

Garnier, archiviste du département de la Côte-d'Or, à Dijon.

Garnier, bibliothécaire de la ville, à Amiens.

GAULTIER DU MOTTAY, membre du Conseil général des Côtes-du-Nord, à Plérin, près Saint-Brieuc.

GERMAIN, doyen de la Faculté des lettres, à Montpellier.

GESLIN DE BOURGOGNE, membre de la Société archéologique des Côtes-du-Nord, à Saint-Brieuc.

GIRAUD (L'abbé Magloire), curé à Saint-Cyr (Var).

GODARD-FAULTRIER, avocat, à Angers.

GOMART (Charles), à Saint-Quentin (Aisne).

GOURGUES (Vicomte Alexis DE), membre du Conseil général de la Dordogne, au château de Lanquais, par Lalinde.

GOZE (Docteur), à Amiens.

GRANDMAISON (Ch. LOYSEAU), archiviste d'Indre-et-Loire, à Tours.

GRIMOT (L'abbé), curé de l'Isle-Adam (Seine-et-Oise).

GUIGUE, archiviste-paléographe, à Bourg (Ain).

JOLY, doyen de la Faculté des lettres, à Caen.

JUSSIEU (DE), archiviste de la Savoie, à Chambéry.

LACROIX (Th.), pharmacien, à Mâcon.

LAGRÈZE (BASCLE DE), conseiller à la Cour d'appel de Pau.

LAMARE (Jules), archiviste des Côtes-du-Nord, à Saint-Brieuc.

LAMOTHE (A. BESSOT DE), archiviste du Gard, à Nîmes.

LAUNAY, professeur de dessin au lycée, à Vendôme (Loir-et-Cher).

LEBEURIER (L'abbé), ancien archiviste de l'Eure, à Évreux.

LECLERCQ DE LA PRAIRIE, membre de la Société archéologique, à Soissons (Aisne).

LEDAIN (Bélisaire), membre de la Société des antiquaires de l'Ouest, à Poitiers.

LEFEBVRE, *dit* FABER, membre de la Société d'émulation, à Izeure, près Moulins (Allier).

LE HÉRICHER (Édouard), secrétaire honoraire de la Société d'archéologie, à Avranches (Manche).

LE MEN, archiviste du Finistère, à Quimper.

LEPAGE (Henri), archiviste de la Meurthe, à Nancy.

LE ROY (Gabriel), archiviste de la ville, à Melun.

LEVOT, conservateur de la bibliothèque de la marine, à Brest (Finistère).

LHOTELLERIE (DE), à Alexandrie (Égypte).

LHUILLIER, chef de bureau à la préfecture, à Melun.

LIÉNARD, membre de la Société philomathique, à Verdun (Meuse).

LOISELEUR, bibliothécaire de la ville, à Orléans.

LONGUEMAR (LE TOUZÉ DE), membre de la Société des antiquaires de l'Ouest, à Poitiers.

LUZEL, à Plouaret (Côtes-du-Nord).

Macé, doyen de la Faculté des lettres, à Grenoble.

Magen (Adolphe), membre de la Société d'agriculture, sciences et arts, à Agen.

Mallay, architecte, à Clermont-Ferrand.

Marsy (Arthur de), conservateur du musée Vivenel, à Compiègne (Oise).

Martin-Daussigny, directeur des musées, à Lyon.

Mathon, pharmacien, à Beauvais.

Matton, archiviste de l'Aisne, à Laon.

Mellet (Comte de), à Chaltrait, par Montmort (Marne).

Merlet (Lucien), archiviste d'Eure-et-Loir, à Chartres.

Mignard, membre de l'Académie des sciences, à Dijon.

Morlet (Colonel de), à Nancy.

Mossmann, à Belfort, chez M. Dietrich.

Moutié (Auguste), à Rambouillet (Seine-et-Oise).

Nozot, inspecteur primaire, à Sedan (Ardennes).

Orieux, membre de la Société académique, à Nantes.

Payen (Le commandant), chef du bureau arabe, à Sétif (Algérie).

Poquet (L'abbé), curé de Berry-au-Bac (Aisne).

Port (Célestin), archiviste de Maine-et-Loire, à Angers.

Poulle (Alexandre), inspecteur des domaines, à Constantine (Algérie).

Quantin, archiviste de l'Yonne, à Auxerre.

Quesnet (Édouard), archiviste d'Ille-et-Vilaine, à Rennes.

Rabut (Laurent), professeur de dessin au lycée, à Chambéry.

Ramé (Alfred), ancien procureur général de Cour d'appel, à Rennes.

Raymond, archiviste des Basses-Pyrénées, à Pau.

Rédet, ancien archiviste de la Vienne, à Poitiers.

Revel du Perron (De), préfet de la Haute-Loire.

Révillout, professeur à la Faculté des lettres, à Montpellier.

Revon (Louis), conservateur du musée, à Annecy.

Richard (L'abbé), à Dambelin (Doubs).

Robin (L'abbé), à Digna, près Saint-Amour (Jura).

Rochambeau (De), membre de la Société archéologique du Vendômois, à Thoré, près Vendôme (Loir-et-Cher).

Roger (Joseph), conservateur du musée archéologique de Philippeville (Algérie).

Roschach, archiviste de la ville, à Toulouse.

Rosenzweig, archiviste du Morbihan, à Vannes.

Rostan (Louis), avocat, à Saint-Maximin (Var).

Roussel (Le docteur Théophile), membre du Conseil général de la Lozère, à Mende.

Samazeuilh, avocat, à Nérac (Lot-et-Garonne).

Simonnet, conseiller à la Cour d'appel, à Dijon.

Soucaille, professeur de seconde au collége de Béziers (Hérault).

Sourdeval (Mourain de), membre de la Société d'agriculture, sciences et arts d'Indre-et-Loire, à Fontordine-Saint-Gervais (Vendée).

Stoffel, ancien membre de la Société industrielle de Mulhouse, à Belfort, chez M. Dietrich.

Tartière, archiviste des Landes, à Mont-de-Marsan.

Tholin, archiviste de Lot-et-Garonne, à Agen.

Tisserand (L'abbé), aumônier du lycée, à Nice.

Van Drival (L'abbé), chanoine honoraire, inspecteur des édifices religieux, à Arras.

5° CORRESPONDANTS HONORAIRES DU MINISTÈRE.

MM.

Arbaud (Damase), docteur en médecine, à Manosque (Basses-Alpes).

Arbellot (L'abbé), chanoine honoraire, à Rochechouart (Haute-Vienne).

Barraud (L'abbé), à Beauvais (Oise).

Baux (Jules), archiviste de l'Ain, à Bourg.

Bonnélye, bibliothécaire de la ville, à Tulle.

Bouillet, conservateur du musée, à Clermont-Ferrand.

Broc de Seganges (L. du), conservateur du musée, à Nevers.

Buzonnière (Léon de), membre de la Société archéologique de l'Orléanais, à Orléans.

Dareste, recteur de l'Académie de Lyon.

Dubosc, archiviste de la Manche, à Saint-Lô.

Dussieux, professeur honoraire à l'École militaire de Saint-Cyr, à Versailles.

Fouque (Victor), à Chalon-sur-Saône (Saône-et-Loire).

Guerrier de Dumast (Baron), correspondant de l'Institut, à Nancy.

Guignard, bibliothécaire de la ville, à Dijon.

Hubert, à Charleville (Ardennes).

Joly-Leterme, architecte, à Saumur (Maine-et-Loire).

Kuhnholtz-Lordat, bibliothécaire de la Faculté de médecine, à Montpellier.

La Borderie (Arthur Le Moyne de), archiviste-paléographe, à Vitré (Ille-et-Vilaine).

Laurent, directeur du musée départemental, à Épinal.

Lecointre-Dupont père, membre de la Société des antiquaires de l'Ouest, à Poitiers.

Lottin de Laval, aux Trois-Vals, près Bernay (Eure).

Marchand, ingénieur, à Ouzouer-sur-Trézée (Loiret).

Morin, professeur à la Faculté des lettres, à Rennes.

Mortreuil, correspondant de l'Institut, juge de paix, à Marseille.

Parseval-Grandmaison (De), membre de la Société d'agriculture, à Mâcon.

Rouchier (L'abbé), chanoine de la cathédrale, à Viviers (Ardèche).

Sabatier (L'abbé), doyen de la Faculté de théologie, à Bordeaux.

Tissot, doyen honoraire de la Faculté des lettres, à Dijon.

LISTE

DES MEMBRES NON RÉSIDANTS DU COMITÉ ET DES CORRESPONDANTS DU MINISTÈRE
POUR LES TRAVAUX HISTORIQUES ET ARCHÉOLOGIQUES, CLASSÉS PAR DÉPARTEMENT.

1874.

MM.

Ain . . . . *Baux (Jules), archiviste du département, à Bourg.
Guigue, archiviste-paléographe, à Vonnas.

Aisne . . . . Gomart (Charles), à Saint-Quentin.
Leclercq de la Prairie, membre de la Société archéologique, à Soissons.
Matton, archiviste du département, à Laon.
Poquet (L'abbé), chanoine honoraire, curé de Berry-au-Bac.

Algérie . . . . Beaune (Henri), substitut du procureur général, à Alger.
Cherbonneau, ancien directeur du collége arabe-français, à Alger; *membre non résidant.*
Devoulx (Albert), conservateur des archives arabes des domaines, à Alger.
Féraud, interprète principal de l'armée d'Afrique, à Alger.
Lhotellerie (De), ancien conservateur du musée de Cherchell, à Alexandrie (Égypte).
Payen (Commandant), chef du bureau arabe, à Sétif.
Poulle (Auguste), inspecteur des domaines, à Constantine.
Roger (Joseph), conservateur du musée archéologique de Philippeville.

Alpes (Basses-) . . . *Arbaud (Damase), docteur en médecine, à Manosque.

* L'astérisque placé devant les noms indique les correspondants honoraires.

Alpes-Maritimes.. TISSERAND (L'abbé), aumônier du lycée, à Nice.

Ardèche.......... *ROUCHIER (L'abbé), chanoine de la cathédrale de Viviers.

Ardennes........ *HUBERT, à Charleville.
NOZOT, inspecteur des écoles primaires, à Sedan.

Aube........... ARBOIS DE JUBAINVILLE (D'), correspondant de l'Institut, à Troyes; *membre non résidant.*

Bouches-du-Rhône. BLANCARD, archiviste du département, à Marseille.
*MORTREUIL, juge de paix, à Marseille.

Calvados .... CHATEL, archiviste du département, à Caen.
JOLY, professeur à la Faculté des lettres de Caen.

Cher.......... DUMOUTET (Jules), architecte, à Bourges; *membre non résidant.*

Corrèze........ *BONNÉLYE, bibliothécaire de la ville, à Tulle.
COMBET, avocat, à Uzerche.

Corse......... DUHAMEL, archiviste du département, à Ajaccio.

Côte-d'Or...... ARBAUMONT (D'), membre de la Commission archéologique de la Côte-d'Or, à Dijon.
AUBERTIN, ancien conservateur du musée, à Beaune.
BAUDOT (Henri), membre de la Commission archéologique de la Côte-d'Or, à Dijon.
GARNIER, archiviste du département, à Dijon.
*GUIGNARD, bibliothécaire de la ville, à Dijon.
MIGNARD, membre de l'Académie de Dijon.
SIMONNET, conseiller à la Cour de Dijon.
*TISSOT, doyen de la Faculté des lettres de Dijon.

Côtes-du-Nord... GAULTIER DU MOTTAY, membre du Conseil général du département, à Plérin, près de Saint-Brieuc.
GESLIN DE BOURGOGNE, membre de la Société archéologique du département, à Saint-Brieuc.
LAMARE (Jules), archiviste du département, à Saint-Brieuc.
LUZEL, à Plouaret.

Dordogne....... GOURGUES (Vicomte Alexis DE), membre du Conseil général du département, au château de Lanquais, par Lalinde.

Doubs......... CASTAN (Auguste), bibliothécaire de la ville, à Besançon.

CLERC (Édouard), président de chambre honoraire à la Cour de Besançon.

RICHARD (L'abbé), à Dambelin.

Drôme........ CHEVALIER (L'abbé), membre de la Société archéologique du département, à Romans.

Eure.......... LEBEURIER (L'abbé), ancien archiviste du département, à Évreux.

*LOTTIN DE LAVAL, aux Trois-Vals, près Bernay.

Eure-et-Loir..... DURAND (Paul), architecte, à Chartres.

MERLET (Lucien), archiviste du département, à Chartres.

Finistère........ LE MEN, archiviste du département, à Quimper.

LEVOT, conservateur de la bibliothèque de la marine, à Brest.

Gard.......... AURÈS, ingénieur en chef des ponts et chaussées, à Nîmes.

GERMER-DURAND, bibliothécaire de la ville de Nîmes; *membre non résidant.*

LAMOTHE (A. BESSOT DE), archiviste du département, à Nîmes.

RÉVOIL, archiviste diocésain, à Nîmes; *membre non résidant.*

Garonne (Haute-). BARRY, professeur d'histoire à la Faculté des lettres de Toulouse.

ROSCHACH, archiviste de la ville, à Toulouse.

Gers.......... CANÉTO (L'abbé), vicaire général du diocèse, à Auch.

Gironde........ CASTELNAU-D'ESSENAULT (DE), avocat, au château de Paillet, par Langoiran.

COMBES (François), professeur à la Faculté des lettres de Bordeaux.

DROUYN (Léo), membre de l'Académie des sciences et belles-lettres, à Bordeaux.

MICHEL (Francisque), correspondant de l'Institut, à Bordeaux . *membre non résidant.*

*SABATIER (L'abbé), doyen de la Faculté de théologie de Bordeaux.

Hérault........ GERMAIN, doyen de la Faculté des lettres de Montpellier.

*KUHNHOLTZ-LORDAT, bibliothécaire de la Faculté de médecine de Montpellier.

Révillout, professeur à la Faculté des lettres de Montpellier.

Soucaille, professeur de seconde au collége de Béziers.

Ille-et-Vilaine.... *La Borderie (Arthur Le Moyne de), archiviste-paléographe, à Vitré.

*Morin, professeur à la Faculté des lettres de Rennes.

Ramé (Alfred), ancien procureur général, à Rennes.

Quesnet (Édouard), archiviste du département, à Rennes.

Indre-et-Loire.... Grandmaison (Ch. Loyseau-), archiviste du département, à Tours.

Isère.......... Caillemer (E.), professeur à la Faculté de droit de Grenoble.

Macé, doyen de la Faculté des lettres de Grenoble.

Jura.......... Robin (L'abbé), à Digna, près Saint-Amour.

Landes........ Tartière, archiviste du département, à Mont-de-Marsan.

Loir-et-Cher..... Dupré, bibliothécaire de la ville, à Blois.

Fleury (Paul de), archiviste du département, à Blois.

Launay, professeur de dessin au lycée de Vendôme.

Rochambeau (De), membre de la Société archéologique du Vendômois, à Thoré, près Vendôme.

Loire (Haute-)... Aymard (Auguste), archiviste du département, au Puy.

Chassaing (Augustin), juge au tribunal du Puy.

Loire-Inférieure.. Girardot (Baron de), ancien secrétaire général de la préfecture, à Nantes; *membre non résidant.*

Orieux, membre de la Société académique, à Nantes.

Loiret.......... *Buzonnière (Léon de), membre de la Société archéologique de l'Orléanais, à Orléans.

Loiseleur, bibliothécaire de la ville, à Orléans.

Mantellier, président de chambre à la Cour d'Orléans; *membre non résidant.*

*Marchand, ingénieur, à Ouzouer-sur-Trézée.

Lot-et-Garonne.... Magen (Adolphe), membre de la Société d'agriculture, sciences, etc. à Agen.

Samazeuilh, avocat, à Nérac.

Tholin, archiviste du département, à Agen.

Lozère........ Roussel (Dr Th.), membre du Conseil général du département, à Mende.

Maine-et-Loire... GODARD-FAULTRIER, avocat, à Angers.

*JOLY-LETERME, architecte, à Saumur.

PORT (Célestin), archiviste du département, à Angers.

Manche....... *DUBOSC, archiviste du département, à Saint-Lô.

LE HÉRICHER (Édouard), secrétaire honoraire de la Société d'archéologie, à Avranches.

Marne....... MELLET (Comte DE), à Chaltrait, par Montmort.

Marne (Haute-)... CARNANDET (J. B.), bibliothécaire de la ville, à Chaumont.

Meurthe-et-Moselle. COURNAULT (Ch.), conservateur du musée lorrain, à Malzeville, près Nancy.

*GUERRIER DE DUMAST (Baron), correspondant de l'Institut, à Nancy.

LEPAGE (Henri), archiviste du département, à Nancy.

MORLET (Colonel DE), à Nancy.

Meuse......... LIÉNARD, membre de la Société philomathique, à Verdun.

Morbihan....... ROSENZWEIG, archiviste du département, à Vannes.

Nièvre........ *BROC DE SEGANGES (L. DU), conservateur du musée de Nevers.

Nord......... BACKER (DE), à Noordpeene, par Cassel.

COUSSEMAKER (E. DE), correspondant de l'Institut, à Lille; *membre non résidant.*

DEHAISNES (L'abbé), archiviste de la ville, à Lille.

DESJARDINS (Abel), doyen de la Faculté des lettres de Douai.

LEFEBVRE *dit* FABER, membre de la Société d'émulation, à Cambrai.

TAILLIAR, président honoraire à la Cour de Douai; *membre non résidant.*

Oise.......... *BARRAUD (L'abbé), à Beauvais.

MARSY (Arthur DE), conservateur du musée Vivenel, à Compiègne.

MATHON, pharmacien, à Beauvais.

Orne......... LA FERRIÈRE-PERCY (Comte DE), à Ronfeugerai, par Athis; *membre non résidant.*

Pas-de-Calais.... DESCHAMPS DE PAS, ingénieur des ponts et chaussées, à Saint-Omer.

LINAS (DE), membre de l'Académie d'Arras; *membre non résidant.*

MORAND (François), juge au tribunal civil, à Boulogne-sur-Mer; *membre non résidant.*

VAN DRIVAL (L'abbé), chanoine honoraire, inspecteur des édifices religieux du diocèse, à Arras.

Puy-de-Dôme.... AMÉ (Émile), architecte, à Clermont-Ferrand.

*BOUILLET, conservateur du musée, à Clermont-Ferrand.

MALLAY, architecte, à Clermont-Ferrand.

Pyrénées (Basses-). LAGRÈZE (BASCLE DE), conseiller à la Cour de Pau.

RAYMOND, archiviste du département, à Pau.

Pyrénées (Hautes-). DURAND (Hippolyte), architecte, à Tarbes.

Rhin (Haut-) (partie française)... MOSSMANN, à Belfort, chez M. Dietrich.

STOFFEL, ancien membre de la Société industrielle de Mulhouse, à Belfort, chez M. Dietrich.

Rhône......... ALLMER (Auguste), associé correspondant de la Société des antiquaires de France, à Lyon.

*DARESTE, recteur de l'Académie, à Lyon.

DESJARDINS (T.), architecte, à Lyon.

FLOUEST, procureur de la République, à Lyon.

MARTIN-DAUSSIGNY, directeur des musées, à Lyon.

SOULTRAIT (Georges DE), membre du Conseil général de la Nièvre, à Lyon; *membre non résidant.*

Saône-et-Loire... BULLIOT, président de la Société Éduenne, à Autun.

CANAT (Marcel), membre de la Société d'histoire et d'archéologie, à Chalon-sur-Saône.

CHEVRIER (Jules), membre de la Société d'histoire et d'archéologie, à Chalon-sur-Saône.

*FOUQUE (Victor), à Chalon-sur-Saône.

LACROIX (Th.), pharmacien, à Mâcon.

*PARSEVAL-GRANDMAISON (DE), membre de la Société d'agriculture, à Mâcon.

Sarthe......... CHARLES (Léopold), bibliothécaire de la ville, à la Ferté-Bernard.

HUCHER (E.), au Mans; *membre non résidant.*

Savoie......... JUSSIEU (DE), archiviste du département, à Chambéry.

RABUT (Laurent), professeur de dessin au lycée de Chambéry.

Savoie (Haute-)... DUCIS (L'abbé), archiviste du département, à Annecy.

REVON (Louis), conservateur du musée, à Annecy.

Seine-Inférieure.. BEAUREPAIRE (Charles ROBILLARD DE), archiviste du département, à Rouen.

COCHET (L'abbé), correspondant de l'Institut, à Rouen; *membre non résidant.*

Seine-et-Marne ... CARRO, bibliothécaire de la ville, à Meaux.

LEROY (Gabriel), archiviste de la ville, à Melun.

LHUILLIER, chef de bureau à la préfecture de Melun.

Seine-et-Oise .... DESJARDINS (Gustave), archiviste du département, à Versailles.

*DUSSIEUX, professeur honoraire à l'École militaire de Saint-Cyr, à Versailles.

GRIMOT (L'abbé), curé de l'Isle-Adam.

MOUTIÉ (Auguste), à Rambouillet.

Sèvres (Deux-)... BEAUCHET-FILLEAU, juge de paix, à Chef-Boutonne.

Somme......... DUSEVEL, inspecteur des monuments historiques du département, à Amiens; *membre non résidant.*

CORBLET (L'abbé), directeur de la *Revue de l'Art chrétien*, à Amiens.

GARNIER, bibliothécaire de la ville, à Amiens.

GOZE (Docteur), à Amiens.

REVEL DU PERRON (DE), secrétaire général de la préfecture, à Amiens.

Tarn........... COMBES (Anacharsis), membre de la Société littéraire et scientifique, à Castres.

COUARAZE DE LÂA, professeur de philosophie au lycée d'Albi.

CROZES (Hippolyte), ancien maire d'Albi, à Albi.

Tarn-et-Garonne.. DEVALS, archiviste du département, à Montauban.

Var............ GIRAUD (L'abbé Magloire), curé à Saint-Cyr.

ROSTAN (Louis), avocat, à Saint-Maximin.

TEISSIER (Octave), membre de la Société académique du département, à Marseille; *membre non résidant.*

Vaucluse........ ANDRÉ (L'abbé), à Vaucluse.

DELOYE, conservateur du musée Calvet, à Avignon.

Vendée......... Baudry (L'abbé), curé du Bernard.

Marchegay, ancien archiviste de Maine-et-Loire, aux Roches-Baritaud (Vendée); *membre non résidant.*

Sourdeval (Mourain de), membre de la Société d'agriculture, sciences, arts et belles-lettres d'Indre-et-Loire, à Fontordine-Saint-Gervais (Vendée).

Vienne......... Auber (L'abbé), à Poitiers.

Barbier de Montault (L'abbé Xavier), chanoine d'Anagni, à Poitiers.

Ledain (Bélisaire), membre de la Société des antiquaires de l'Ouest, à Poitiers.

*Lecointre-Dupont père, membre de la Société des antiquaires de l'Ouest, à Poitiers.

Longuemar (Le Touzé de), membre de la Société des antiquaires de l'Ouest, à Poitiers.

Rédet, ancien archiviste du département, à Poitiers.

Vienne (Haute-).. *Arbellot (L'abbé), chanoine honoraire, à Rochechouart.

Vosges......... *Laurent, directeur du musée départemental, à Epinal.

Yonne......... Quantin, archiviste du département, à Auxerre.

IX.

ARRÊTÉ DU 2 FÉVRIER 1860.

PRIX À DÉCERNER EN 1860 À UNE SOCIÉTÉ SAVANTE.

Le Ministre, etc.

Arrête :

Article premier. Un des prix annuels de 1,500 francs institués par l'arrêté du 22 février 1858 (art. 16) sera décerné, en 1860, à la Société savante qui aura transmis au Ministère le meilleur *Répertoire archéologique* d'un département ou même d'un arrondissement.

Art. 2. Ces répertoires devront être rédigés conformément au programme adopté par la section d'archéologie du Comité des travaux historiques et des Sociétés savantes, publié dans le tome Ier, 2e série, 1859, page 153 de la *Revue des Sociétés savantes*, et au spécimen publié dans la même *Revue* (2e série, 1860, t. II, p. 16), et dont un exemplaire a été envoyé aux Sociétés savantes.

Art. 3. Les travaux imprimés ou manuscrits devront être envoyés au Ministère avant le 1er décembre 1860.

Paris, le 2 février 1860.

Signé : ROULAND.

(Même arrêté pour les *Dictionnaires topographiques*.)

X

«M. Faye propose au Comité de provoquer des recherches systématiques dans les bibliothèques, à l'effet de mettre en lumière les documents inédits qui peuvent intéresser l'histoire des sciences dans notre pays. Il représente qu'au xvie et surtout au xviie siècle la correspondance était extrêmement active entre les savants de l'époque. Les lettres privées remplissaient l'office actuel des journaux scientifiques qui se réduisaient alors à la seule publication des *Acta eruditorum* de Leipzig. Toutes n'ont pas été publiées; il en reste encore beaucoup dans les collections publiques ou particulières. Ce qui peut donner à le croire, c'est l'usage constant de confier les bibliothèques à des hommes de lettres fort méritants sans doute, mais peu préparés par leurs études favorites à apprécier la valeur de vieux papiers scientifiques.»

(Extrait des procès-verbaux du Comité des travaux historiques, section des sciences.
Séance du 28 mars 1869.)

XI

LISTE DES AUTEURS QUI ONT COLLABORÉ

À LA PUBLICATION DE DIVERS OUVRAGES DE LA COLLECTION DES DOCUMENTS INÉDITS.

Il n'est pas nécessaire de publier la liste des auteurs-éditeurs qui ont signé les ouvrages publiés. On trouvera leurs noms en regard des ouvrages au tableau de la page 14. Mais il a paru essentiel de faire connaître les noms des savants qui ont pris une part plus ou moins directe à la préparation de certains volumes.

Archives administratives et législatives de Reims : MM. Amiel, Tiengou, Duclos, Maillet, Douët d'Arcq.

Cartulaires de Notre-Dame de Paris, de Saint-Bertin, de Saint-Père de Chartres, de Saint-Victor de Marseille, de Redon : MM. Delisle, Perreaux, Géraud, Claude, Marion, Deloye, Natalis de Wailly, de la Borderie, de Kerdrel, Pol de Courcy.

Croisade contre les Albigeois : MM. Teulet, de Fréville, Géraud, Guessard.

Correspondance de Richelieu : M. Amiel.

Esclaircissement de la langue françoye de maistre Jehan Palsgrave : M. Lorrain.

Lettres de Henri IV : MM. Guadet, Bernhard, Delpit, Lenglet, Chevallet, de Fréville, Ferron.

Livre de jostice et de plet : M. Chabaille.

Négociations avec la Toscane : M. Canestrini.

Les Olim : MM. de Mas-Latrie, Dessales, Duclos.

Ouvrages inédits d'Abélard : MM. Teulet et Ravaisson.

Papiers d'État du cardinal de Granvelle : MM. Pierron, Chéruel et une commission de l'Académie de Besançon.

Procès des Templiers : MM. Castelnau, Stadler, Laget.

Trésor de Brunetto Latini : M. Desnoyers.

Mémoires militaires relatifs à la succession d'Espagne : MM. Guérin, Massot, Gérard, Sabatier, Hager, Gleizal, Hoyer, Denoix, Durand, Maignien, Lefebvre, Delpy.

Histoire du tiers état en France : MM. Granier de Cassagnac, Martial Delpit, Thomassy, Guessard, Bernhard, Yanoski, Janin, de Certain, de Courson, Duchalais, Amédée Renée, Deloye, Teulet, Schneider, Montrond, Bordier, Lalanne, Bourquelot, Louandre.

Mélanges historiques : MM. Alby, Amiel, Chancel, Claude, Dillon, Massé, Patin, Drumont, Mauriel, Perreaux, Perron, Boutteville, Borel d'Hauterive, Thomassy, Michelant, Quicherat, Douët d'Arcq, Paillard, de Page, de Paul, Marchegay, Chevallet, Révoil, Charrière, d'Ortigues, de Fréville, de Mas-Latrie, Vallet de Viriville, Delpit, Guessard, Ruelle.

Nouveaux Mélanges historiques : MM. Dupré, Morand, Combes, Tamisey de Larroque, Rémi Siméon.

Œuvres de Fresnel : MM. Savary, Sénarmont, Regnaud.

XII

ARRÊTÉ.

Le Ministre de l'instruction publique, des cultes et des beaux-arts,

Arrête :

Article premier. Toute indemnité mensuelle pour les travaux de la collection des documents inédits est supprimée.

Art. 2. A l'avenir, les éditeurs des ouvrages de la collection recevront à titre d'indemnité une somme dont le maximum ne pourra dépasser quatre mille francs par volume, et dont une partie seulement pourra être payée d'avance.

Art. 3. Les éditeurs devront, au bout de l'année, remettre la copie d'un volume entier avec introduction, annotations, tables, etc., tout prêt à être envoyé à l'Imprimerie impériale. Cette copie sera immédiatement visée par le commissaire responsable.

Dans le cas où la copie ne serait pas remise à l'époque fixée, nulle autre indemnité ne pourra être accordée à l'éditeur.

Art. 4. Si, dans le six mois qui suivront le délai fixé pour la remise du manuscrit, la copie revisée et approuvée par le commissaire n'est pas livrée au Ministère, on exigera par toutes les voies de droit la restitution de la somme avancée.

Art. 5. Sur la somme qui lui aura été allouée, l'éditeur fera exécuter, sous sa responsabilité, tous les travaux préparatoires, tels que recherches dans les divers dépôts d'archives et bibliothèques, transcriptions et tables de manuscrits.

Art. 6. Les commissaires chargés de surveiller la publication des documents inédits sont nommés par le Ministre en Comité.

Art. 7. Ils examinent dans le plus bref délai les manuscrits des ouvrages qui leur sont renvoyés et s'assurent que le texte, l'introduction et les notes sont dignes d'une publication faite aux frais de l'État.

Art. 8. Ils font sur chaque manuscrit un rapport écrit et signé qui est lu en Comité et transmis au Ministre.

Art. 9. Les commissaires surveillent l'impression du manuscrit qui a été renvoyé à leur examen, et s'assurent que les éditeurs ne font pas à l'ouvrage des changements de nature à en modifier le caractère ou à augmenter les frais.

Art. 10. La publication terminée, il pourra être accordé une indemnité au commissaire responsable.

Fait à Paris, le 26 janvier 1857.

Signé : ROULAND.

XIII

RÈGLEMENT

POUR LA PUBLICATION DES OUVRAGES DE LA COLLECTION DES DOCUMENTS INÉDITS
DE L'HISTOIRE NATIONALE.

Le Ministre Secrétaire d'État au département de l'instruction publique,

Vu les arrêtés du 13 décembre 1852, du 26 janvier 1857, et les délibérations répétées du Comité;

Considérant que le but du Comité est essentiellement de publier des textes originaux inédits, en y joignant seulement des notes et introductions nécessaires pour en faciliter l'intelligence;

10.

Qu'il importe d'aviser à ce que les ouvrages faisant partie de la collection des documents historiques soient publiés désormais d'une manière plus conforme à ce principe, sous la surveillance active du Comité,

Arrête :

Article premier. Tout projet de publication qui aura été renvoyé par le Ministre au Comité sera examiné par une Commission de trois membres. La Commission donnera son avis sur l'utilité et l'importance de la publication ; elle indiquera le nombre de volumes que la publication devra comprendre.

Les conclusions du rapport de la Commission seront discutées par le Comité, qui soumettra ensuite une proposition au Ministre. Le vote du Comité aura lieu au scrutin secret.

En cas d'avis favorable, l'adoption en principe n'engage pas l'Administration vis-à-vis de l'éditeur, et laisse entière la décision définitive à intervenir avant la publication de chaque volume, conformément à l'article 2 ci-après.

Art. 2. Aucun volume ne pourra être livré à l'impression qu'après le dépôt préalable de la totalité du manuscrit de ce volume (texte, annotations, introduction ou préface).

Ce manuscrit sera renvoyé à l'examen d'une Commission de trois membres, qui s'assurera que le texte, les notes, l'introduction ou préface sont dignes d'une publication faite aux frais de l'État, et que les éditeurs se sont bornés à présenter un résumé de ce que renferment les volumes et à apprécier l'authenticité, le caractère et la valeur des textes.

La Commission fera un rapport écrit et signé de ses membres, qui sera lu et discuté dans le Comité avant d'être transmis au Ministre. Ce rapport devra contenir l'avis de la Commission sur le nombre approximatif de feuilles que formera le volume.

Art. 3. En cas d'adoption par le Ministre, et après que l'Imprimerie aura également été appelée de son côté à donner son avis sur l'étendue approximative du volume, chacun des feuillets du manuscrit sera paginé et estampillé avant d'être livré à l'impression. Les éditeurs ne pourront ensuite, sous aucun prétexte, y apporter aucune modification sans l'avis du Comité.

Il est interdit à l'Imprimerie de composer aucune page de copie qui ne porterait pas l'estampille du Ministère, comme il lui est également interdit de faire aucun carton sans autorisation spéciale de l'Administration.

Art. 4. Lorsque l'impression d'un volume aura été décidée, un commissaire responsable nommé par le Ministre, sur l'avis du Comité, sera chargé de suivre le travail de l'éditeur. Ce commissaire maintiendra l'éditeur dans la stricte observation des conditions qui lui auront été imposées, et s'assurera qu'il n'est fait aux ouvrages aucun changement de nature à en modifier le caractère ou à en augmenter les frais.

La surveillance du commissaire s'exercera indépendamment du contrôle matériel de l'Administration.

Art. 5. Les épreuves des ouvrages de la Collection des documents inédits, au nombre de trois exemplaires pour chaque feuille, seront envoyées directement de l'Imprimerie au Ministère de l'instruction publique, pour être transmises par celui-ci, savoir : deux exemplaires à l'éditeur, et un au commissaire. Le retour des épreuves à l'Imprimerie aura lieu également par l'intermédiaire du Ministère.

En règle générale, et sauf avis du commissaire responsable, il ne sera accordé que trois épreuves au plus. Les éditeurs devront donner leur bon à tirer, sinon sur la première ou la deuxième, au moins sur la troisième épreuve.

Le tirage ne pourra avoir lieu qu'après le visa du commissaire responsable et celui de l'Administration. Le manuscrit de chaque volume sera déposé au Ministère après la publication.

Art. 6. Toute indemnité mensuelle pour les travaux de la Collection des documents inédits demeure supprimée.

Art. 7. Les éditeurs des ouvrages de la Collection des documents inédits recevront, à titre d'indemnité, une somme dont le maximum ne pourra dépasser 4,000 francs par volume, et dont une partie seulement pourra être payée d'avance, après adoption du manuscrit par le Comité et par le Ministre.

Art. 8. En sus de l'indemnité fixée par le Ministre, aucune réclamation ne pourra être faite pour les frais de recherches, copie ou collation de texte que les éditeurs pourraient faire exécuter en vue de la publication dont ils sont chargés.

Art. 9. Il ne sera dû aucune indemnité pour les ouvrages dont les projets n'auront été adoptés qu'en principe.

Art. 10. Les prescriptions du présent arrêté sont applicables, soit pour les ouvrages à exécuter, soit pour ceux qui sont en cours d'exécution, à tous les éditeurs sans exception, qu'ils soient ou non membres du Comité.

Le secrétaire général du Ministère de l'instruction publique est chargé de l'exécution du présent arrêté.

Fait à Paris, le 21 septembre 1863.

V. DURUY.

XIV

LISTE DES MINISTRES ET DES FONCTIONNAIRES
QUI ONT DIRIGÉ LE SERVICE DES TRAVAUX HISTORIQUES DEPUIS 1833 JUSQU'À CE JOUR.

ANNÉES.	MINISTRES.	SECRÉTAIRES GÉNÉRAUX et SOUS-SECRÉTAIRES D'ÉTAT.	CHEFS DE DIVISION, CHEFS DU CABINET ET CHEFS DE SECTION chargés du service.	CHEFS DU BUREAU des TRAVAUX HISTORIQUES.
1833 1834 1835	Guizot..............	....	....	Constant Berrier (de 1833 à 1835)
1836	Le comte Pelet de la Lozère. Guizot..............	....	Royer-Collard (de 1834 à 1837)..	Herbet (de 1835 à 1838).
1837 1838	De Salvandy..........	....		
1839	Parant............. Villemain...........	....		
1840	Cousin.............	....		
1840 1841 1842 1843	Villemain...........	....	Désiré Nisard (de 1838 à 1847) .	Bellaguet (de 1839 à 1848).
1844	Dumon (intérimaire)....	....		
1845 1846 1847	De Salvandy.........	....		
1848	Carnot............. De Vaulabelle........ Freslon............ De Falloux..........	Charton (1848-1849)	....	Lock (1848-1849)
1849	Lanjuinais (intérimaire)..		Génin (de 1848 à 1852)........	
1849 1850	De Parieu			Léon Halévy (1850-1851).
1851	Ch. Giraud......... De Crouseilhes........ Ch. Giraud..........	....		

ANNÉES.	MINISTRES.	SECRÉTAIRES GÉNÉRAUX et SOUS-SECRÉTAIRES D'ÉTAT.	CHEFS DE DIVISION, CHEFS DU CABINET ET CHEFS DE SECTION chargés du service.	CHEFS DU BUREAU des TRAVAUX HISTORIQUES.
1852 1853 1854 1855	Fortoul	. . . .	De Nanteuil (1853). Ch. Fortoul (1854-1855).	Granet (1852).
1856	Le maréchal comte Vaillant (intérimaire)	. . . .	. . . .	Servaux, sous-chef chargé du bureau (1852-1857).
1856 1857 1858 1859 1860 1861 1862	Rouland	G. Rouland (de 1858 à 1863)	G. Rouland (de 1856 à 1857) . .	
1863 1864 1865 1866 1867 1868	Duruy	Ch. Robert (de 1865 à 1868)	Du Mesnil (de 1862 à 1866) . .	Servaux, chef de bureau (de 1858 à 1872).
1869	Bourbeau	Th. de Guigné		
1870	Segris . . . . Maurice Richard (sciences, lettres et beaux-arts[1]) . . Brame (instruction publ.) .	J. J. Weiss . . . . Saint-René Taillandier	Bellaguet (de 1867 à 1870)	
1870 1871 1872	Jules Simon	Saint-René Taillandier (de 1870 à 1872)		
1873	Waddington . . . . Batbie . . . . De Fourtou		Le baron de Watteville (1873)	Servaux, chef de division adjoint (1873.)
1874	De Cumont	Desjardins (1873.)		

[1] Le service avait passé en 1870 au Ministère des sciences, lettres et beaux-arts.

Monsieur le Ministre,

Les pièces qui viennent d'être reproduites sont pour la plupart des actes des Ministres vos prédécesseurs. Elles forment dans leur ensemble le *code* véritable qui régit la matière. A ce titre, il était de mon devoir de les réunir et d'en faire un corps. Je vous soumets, Monsieur le Ministre, ce complément nécessaire du Rapport général que j'ai eu l'honneur de vous adresser.

En le lisant on ne peut douter du caractère national de notre collection, des services qu'elle a rendus et de ceux qu'elle est appelée à rendre encore. Quant au travail qui reste à faire, le passé répond de l'avenir.

Je suis avec respect, Monsieur le Ministre,

de Votre Excellence,

le très-obéissant serviteur.

Le Chef de la division des Sciences et Lettres,

Baron DE WATTEVILLE.

31 août 1874.

II

RAPPORT À M. LE V^{TE} DE CUMONT,

MINISTRE DE L'INSTRUCTION PUBLIQUE,

SUR

LES TRAVAUX DE LA SECTION D'HISTOIRE

ET SUR SES PUBLICATIONS,

PAR M. LÉOPOLD DELISLE,

DE L'INSTITUT.

RAPPORT

LES TRAVAUX DE LA SECTION D'HISTOIRE

ET SUR SES PUBLICATIONS.

———◦———

Monsieur le Ministre,

L'un de vos plus illustres prédécesseurs, M. Guizot, dans son Rapport sur le budget du ministère de l'instruction publique pour l'exercice 1835, appelait l'attention du Gouvernement sur la nécessité d'explorer nos bibliothèques et nos archives pour y découvrir les documents, encore inconnus, qu'il fallait soustraire à toute chance de destruction et mettre libéralement à la portée des historiens. Les Chambres s'associèrent à la pensée du Ministre, et les travaux purent commencer dès le mois de juillet 1834, sous la direction d'un Comité, qui, modifié à diverses reprises, n'a jamais cessé depuis quarante ans de remplir avec le plus entier dévouement la mission qui lui était confiée et dont il comprend toute l'importance.

Fouiller les dépôts publics ou particuliers de la France et de l'étranger, recueillir, examiner et publier tous les documents inédits qui offrent un caractère historique, tels que chartes, diplômes, chroniques, mémoires, correspondances, œuvres même de philosophie, de littérature ou d'art, pourvu qu'elles révèlent quelque face ignorée des mœurs et de l'état social d'une époque de notre histoire : tel était le programme tracé par M. Guizot. Le Comité ne s'en est jamais écarté, comme l'atteste l'ensemble de ses travaux, sur lesquels vous avez bien voulu lui demander un Rapport détaillé [1]. Aucune époque de nos annales n'a été négligée, et sans que des cadres généraux aient pu être arrêtés d'avance, les efforts du Comité et de ses collaborateurs ont déjà donné à la France une collection volumineuse, dans laquelle chaque époque est représentée. L'ordre de ce Rapport est donc indiqué d'avance. Nous n'aurons, sans tenir compte ici de la date de la publication, qu'à suivre la date même des documents qui ont paru sous les auspices et par les soins de votre ministère.

I

Cartulaire de l'abbaye de Saint-Père de Chartres, publié par M. Guérard, 1840, 2 vol. (Ouvrage épuisé.)

Pour la première période du moyen âge, depuis l'invasion des barbares jusqu'au xiiie siècle, les documents qui jettent le plus de lumière sur l'état moral et matériel du pays sont les anciens cartulaires; on appelle ainsi les recueils d'actes de tout genre qui constataient les droits réciproques des membres de la société civile et ecclésiastique. État des terres et des personnes, progrès ou décadence de l'agriculture, de l'industrie et du commerce, défrichement des forêts, fondation des villages, origines et variations des divisions topographiques, premières traces des idiomes vulgaires, jeu des institutions religieuses et féodales, telles sont en deux mots les principales matières qu'on peut étudier dans les cartulaires. C'est là aussi, et là seulement, qu'on trouve le moyen d'établir sur des bases solides la chronologie des familles souveraines et des grands dignitaires, travail indispensable pour mettre un peu d'ordre dans les récits trop souvent confus et incomplets des historiens contemporains. Le nombre des cartulaires qui ont existé est incalculable. Il n'est guère de monastère, d'église, de seigneurie et de communauté bourgeoise qui n'ait, à un moment

[1] Ce rapport a été rédigé, en grande partie, d'après les notes qu'ont bien voulu préparer différents membres de la section d'histoire et de philologie du Comité.

donné, compris la nécessité de réunir, de coordonner et de transcrire, sur des rouleaux ou des registres, les titres qui établissaient l'origine, la nature et l'étendue de ses propriétés et de ses prérogatives. Malheureusement le temps a fait disparaître la plupart de ces précieux recueils; il en reste cependant assez pour que nous puissions en étudier les types caractéristiques dans chacune de nos provinces.

Un choix de cartulaires devait donc entrer dans la Collection des documents inédits. C'était une longue et difficile entreprise; mais le maître à qui la direction en fut confiée, M. Guérard, triompha de tous les obstacles, traça d'une main ferme la voie qui devait être suivie et montra, par des exemples restés célèbres, comment il fallait traiter et interroger les cartulaires.

M. Guérard jeta d'abord les yeux sur les cartulaires de Saint-Père de Chartres : il eût été difficile de trouver des recueils qui présentassent plus de variété, et d'où l'on pût tirer des renseignements plus instructifs. Les cartulaires de Saint-Père sont au nombre de deux : le plus ancien, connu sous le titre d'*Aganon*, du nom d'un évêque de Chartres au xe siècle, contient les actes du xe et du xie siècle. La bibliothèque de Chartres en possède deux anciens exemplaires. Le moine Paul, rédacteur de la compilation, se mit à l'œuvre un peu après l'année 1078, et ne se borna pas à copier les chartes dont il trouvait les originaux dans les archives de Saint-Père; il consigna dans son livre les traditions qui parvinrent à sa connaissance, y inséra les détails qui pouvaient mieux faire connaître les domaines et les droits de l'abbaye, et ne passa sous silence aucun des faits propres à démontrer que l'église de Saint-Père, par son illustration comme par la richesse de ses ornements et de ses autres biens, méritait un des premiers rangs parmi les plus célèbres abbayes de la Gaule. La suite de l'*Aganon* se trouve dans un cartulaire écrit vers l'année 1200 et appelé *Livre d'argent*, en souvenir d'une précieuse couverture dont il est depuis longtemps dépouillé. Le cartulaire d'argent, conservé à la Bibliothèque nationale, contient principalement des actes du xiie siècle. Les chartes plus récentes de Saint-Père de Chartres ont été copiées et annotées pendant les années 1772-1776, par dom Muley, religieux de la congrégation de Saint-Maur.

M. Guérard a reproduit mot pour mot le Cartulaire d'Aganon; il a donné toutes les chartes du *Livre d'argent*, en supprimant les formules inutiles et les pièces qui faisaient double emploi; dans le volumineux recueil de dom Muley, il a fait un choix sévère et restreint, de manière à n'imprimer que des documents vraiment dignes de l'histoire.

Ainsi composé, le Cartulaire de Saint-Père a dignement ouvert la série de nos cartulaires : mais, quelle que fût la valeur des textes rassemblés par l'éditeur, le prix en a encore été relevé par des prolégomènes qui ont initié le public à la connaissance de ces précieux recueils, et ont ouvert une voie nouvelle aux études dont l'histoire intime du moyen âge mérite d'être l'objet. Ces prolégomènes se terminent par un pouillé, qui fait connaître les anciens noms, la population et la valeur des cures de chacune des paroisses du diocèse de Chartres au xiiie siècle.

II

CARTULAIRE DE L'ABBAYE DE SAINT-BERTIN, publié par M. Guérard, 1841. [A la fin du volume : Cartulaire de l'abbaye de la Sainte-Trinité du Mont, de Rouen, avec notes et introduction, préparé pour l'impression par A. Deville.]

APPENDICE au Cartulaire de l'abbaye de Saint-Bertin, par M. François Morand, 1867.
(Ouvrage presque épuisé.)

Le recueil que M. Guérard a intitulé : *Cartulaire de l'abbaye de Saint-Bertin* est, comme il l'a dit lui-même, moins un cartulaire qu'une chronique de l'abbaye de Saint-Bertin, pour la période comprise entre le milieu du viie et la fin du xiie siècle.

Ce sont, en effet, des récits dans lesquels les chartes sont insérées comme pour servir de pièces justificatives. Le rôle considérable que l'abbaye de Saint-Bertin a joué si longtemps dans le nord de la France explique suffisamment l'intérêt d'une composition qui nous fait assister aux développements de cette puissante église, et comprendre la part qu'elle a prise à tant de grands événements accomplis pendant plus de quatre siècles. Cette composition se divise en trois parties. La première date de l'année 961 et a pour auteur un moine nommé Folcuin; la deuxième est du milieu du xiie siècle et est l'œuvre de l'abbé Simon, mort en 1148; la troisième, dont l'auteur est inconnu, conduit le récit depuis l'année 1145 jusqu'à l'année 1186.

M. Guérard a publié la première partie du Cartulaire de Folcuin d'après un manuscrit du milieu du xiie siècle, conservé à la bibliothèque de Boulogne-sur-Mer (n° 146); pour les deux autres parties, il n'a eu à sa disposition qu'un texte très-imparfait, celui du manuscrit 750 de Saint-Omer, qui est une compilation d'Alard Tassart, moine de Saint-Bertin, mort en 1533.

Deux importantes découvertes, dues à M. Morand, de Boulogne, ont fourni le moyen de combler les lacunes et de réparer des imperfections qui n'avaient pas échappé à la sagacité du premier éditeur. D'une part, M. Morand a constaté que le manuscrit original de Folcuin, aujourd'hui perdu, avait subsisté jusqu'à la Révolution, et que dom Charles Dewitte en a fait une copie très-fidèle, aujourd'hui conservée à Saint-Omer sous le n° 815. D'autre part, il a fait acquérir, en 1856, pour la bibliothèque de Boulogne, un manuscrit du xiie siècle (aujourd'hui n° 146 A), qui doit être considéré comme l'exemplaire original de l'œuvre de l'abbé Simon et de son continuateur anonyme. Grâce à cette découverte, l'édition de M. Guérard a pu être complétée en 1867 par un Appendice, qui comprend d'abord les rectifications que le nouveau manuscrit permet d'apporter à la deuxième partie du Cartulaire, puis le texte même de la troisième partie, qui était devenu tout à fait méconnaissable sous la plume d'Alard Tassart.

Le volume que M. Guérard a consacré au Cartulaire de Saint-Bertin se termine par un petit cartulaire normand, qui, pour être fort court, n'en est pas moins infiniment précieux. C'est le Cartulaire de l'abbaye de la Sainte-Trinité du Mont, de Rouen; il consiste en 97 chartes ou notices, toutes du xie siècle, toutes importantes à étudier pour connaître l'état de la Normandie au temps de Guillaume le Conquérant. L'édition en a été préparée par M. Deville, d'après le manuscrit original des archives de la Seine-Inférieure.

III

Cartulaire de l'église Notre-Dame de Paris, publié par M. Guérard, avec la collaboration de MM. Géraud, Marion et Deloye, 1850, 4 vol. (Ouvrage presque épuisé.)

Sous le titre de *Cartulaire de Notre-Dame de Paris*, M. Guérard a donné les chartes que les évêques et le chapitre de Paris avaient fait copier à différentes reprises dans leurs cartulaires et qui sont une mine inépuisable de renseignements sur la topographie de la ville de Paris et d'une foule de localités de l'Île-de-France, principalement au xii⁰ et au xiii⁰ siècle. Les registres de chartes dont la substance est passée dans la publication de M. Guérard sont au nombre de huit : trois pour l'évêché (Cartulaire de l'évêque, Grand et Petit Cartulaire); cinq pour le chapitre (Petit pastoral, Grand pastoral, Livre noir, Cartulaire du Mandé, Livre des serments). L'éditeur y a joint un obituaire, de la fin du xiii⁰ siècle, qui contient des notices sur une foule de personnages dont le chapitre de Paris honorait la mémoire, et dont beaucoup appartiennent à notre histoire politique, religieuse ou littéraire. Dans l'introduction placée en tête de l'ouvrage, M. Guérard résume une partie des notions disséminées dans les chartes, analyse les causes de la popularité dont le clergé a joui pendant plusieurs siècles du moyen âge, et détermine les droits et les devoirs des membres d'un grand chapitre comme celui de Notre-Dame de Paris, les attributions des officiers qu'il employait, la condition des tenanciers qui relevaient de lui. Dans les pouillés qui font partie des Cartulaires ou que l'éditeur y a ajoutés, nous pouvons suivre les variations que les circonscriptions ecclésiastiques du diocèse de Paris ont subies du xiii⁰ au xviii⁰ siècle.

IV

Cartulaire de l'abbaye de Saint-Victor de Marseille, publié par MM. Guérard et Natalis de Wailly, avec la collaboration de MM. Marion et Delisle, 1857, 2 vol. (Ouvrage presque épuisé.)

Le grand Cartulaire de Saint-Victor de Marseille a été rédigé vers la fin du xi⁰ siècle; le petit Cartulaire date du milieu du xiii⁰; l'un et l'autre sont aux archives des Bouches-du-Rhône. Complétés par divers documents du même dépôt, ils ont fourni la matière d'une publication dans laquelle on peut étudier la topographie, la succession des dignitaires ecclésiastiques et des seigneurs féodaux, l'état des différentes classes de la société, l'origine de beaucoup d'usages, les progrès de l'agriculture, de l'industrie et du commerce sur un grand nombre de points de la Provence, particulièrement au xiᵉ siècle. Parmi les pièces que les éditeurs ont ajoutées aux chartes de l'abbaye de Saint-Victor, on remarque un polyptyque de l'année 814, découvert à Marseille par M. Mortreuil, et qui, par sa date, se place tout près du célèbre Polyptyque d'Irminon. Un registre de Charles Iᵉʳ (ms. latin 10125 de la Bibliothèque nationale) leur a fourni le tarif des droits que les navires, les marins, les voyageurs, les marchands et les marchandises de toute espèce devaient acquitter dans plusieurs villes ou châteaux du comté de Provence, à Nice, à Séranon, à Brignoles, aux Pennes, à Aix, à Valensolle, à Saint-Gabriel, à Tarascon, à Avignon, à Orgon, à Saint-Andéol et à Arles.

V

CARTULAIRE DE L'ABBAYE DE SAVIGNY, suivi du petit Cartulaire de l'abbaye d'Ainay, publiés par Aug. Bernard, 1853, 2 vol. (Ouvrage presque épuisé.)

Les ressources que le Cartulaire de Saint-Victor présente à l'historien de la Provence sont offertes à l'historien du Lyonnais et des petits pays limitrophes par les Cartulaires des abbayes de Savigny et d'Ainay. Le premier est un recueil de chartes qui avait été formé par les soins de Ponce, abbé de Savigny, depuis 1111 jusqu'en 1140; le manuscrit original a disparu, et M. Auguste Bernard, pour établir son texte, a dû comparer entre elles quatre copies assez défectueuses, qui sont aujourd'hui : deux à la bibliothèque de Lyon, une à la Faculté de médecine de Montpellier et une à la Bibliothèque nationale. Plus heureux pour le Cartulaire d'Ainay, qui date aussi du xiiᵉ siècle, M. Bernard n'a eu qu'à suivre littéralement le manuscrit original conservé à la Bibliothèque nationale.

. 12

Les Cartulaires de Savigny et d'Ainay sont les deux plus anciens monuments de l'histoire du Lyonnais. Comme ils abondent surtout en informations topographiques, M. Auguste Bernard s'en est servi pour traiter à fond des questions géographiques encore très-mal connues : il pouvait d'autant mieux accomplir cette tâche, qu'il avait recueilli et publié, dans l'appendice à ses Cartulaires, cinq pouillés du diocèse de Lyon du xiiie au xviiie siècle, un pouillé du diocèse de Mâcon du xvie siècle, et un fragment du pouillé du diocèse d'Autun, du xie siècle.

VI

CARTULAIRE DE L'ABBAYE DE BEAULIEU EN LIMOUSIN, publié par Maximin Deloche, 1859.

Le Cartulaire de l'abbaye de Beaulieu en Limousin consiste en 196 chartes et embrasse une période de quatre siècles, du ixe au xiie siècle. M. Deloche l'a publié d'après le manuscrit original trouvé à Beaulieu chez M. le baron de Costa. Les savants commentaires dont il l'a orné portent sur l'histoire de la ville et du monastère de Beaulieu, sur le caractère des offices monastiques et des offices séculiers, sur les coutumes provinciales et locales, sur l'état de la propriété et sur les limites et les subdivisions du « Pagus Lemovicinus » et du « Pagus Caturcinus. »

VII

CARTULAIRE DE L'ABBAYE DE REDON EN BRETAGNE, publié par M. Aurélien de Courson, avec la collaboration de M. de la Borderie, 1863.

Les institutions de la Bretagne diffèrent tellement des institutions des autres provinces, qu'elles avaient un droit particulier à être représentées dans la Collection des documents inédits par le monument qui en donne l'idée la plus exacte et la plus complète, par le Cartulaire de l'abbaye de Redon. Ce vénérable cartulaire, qui appartient aujourd'hui à Mgr l'archevêque de Rennes, a été transcrit au xie siècle et nous a transmis beaucoup d'actes des deux siècles précédents. C'est à lui qu'il faut toujours recourir pour résoudre les difficultés dont l'histoire de

Bretagne est semée à chaque pas, depuis les origines jusqu'au XIᵉ siècle. La simple publication du Cartulaire de Redon aurait donc été accueillie comme un véritable service rendu à l'histoire et à la philologie, quand même l'éditeur n'en aurait pas triplé l'étendue par des prolégomènes, dans lesquels il expose ses idées sur les points les plus controversés de l'histoire de Bretagne, et par des appendices, où se trouvent, à côté de pièces relatives à l'abbaye de Redon, des documents d'un intérêt plus général, comme divers pouillés des neuf anciens diocèses de la Bretagne.

VIII

CARTULAIRES DE L'ÉGLISE CATHÉDRALE DE GRENOBLE, dits *Cartulaires de saint Hugues*, publiés par M. Jules Marion, 1869.

Saint Hugues, évêque de Grenoble depuis 1080 jusqu'en 1132, fit copier dans trois cartulaires les anciens titres de son église. Le premier de ces cartulaires est à la Bibliothèque nationale, les deux autres à Grenoble. Déduction faite des doubles et des triples, ils contiennent 213 chartes, que M. Jules Marion a reproduites en suivant l'ordre des manuscrits. Quoique les Cartulaires de saint Hugues eussent été largement mis à contribution par les savants des deux derniers siècles, l'édition complète qui en a paru en 1869 avait été fréquemment réclamée dans ces quarante dernières années. M. Marion s'est surtout attaché à donner des textes corrects et bien datés ; pour le travail géographique, il a été secondé par M. l'abbé Auvergne. Deux pouillés du diocèse de Grenoble ont été compris dans la publication de M. Marion : l'un est du XIVᵉ siècle ; le second a été offert à l'évêque de Grenoble, le 1ᵉʳ janvier 1497, par le vicaire général François Dupuis ; ce dernier pouillé est, dans le sens moderne du mot, une véritable statistique de l'ancien diocèse de Grenoble, digne, par la sûreté des informations comme par l'abondance et la variété des renseignements qu'elle renferme, de figurer à côté des meilleurs travaux du même genre dont la science contemporaine nous a si largement dotés.

IX

CHARTES DE CLUNI, recueillies par M. Aug. Bernard, publiées par M. Bruel; sous presse.

Le Comité, qui a plus d'une fois émis le vœu de voir toujours au moins un cartulaire inscrit à l'ordre de ses travaux, s'est prononcé, après une mûre délibération, pour la publication des chartes de l'abbaye de Cluni, entreprise dont l'immensité l'avait effrayé au premier abord, mais qui, d'après le plan adopté, pourra être réduite à des proportions fort raisonnables. L'ancienneté des chartes de Cluni et l'étendue de la zone territoriale qu'elles embrassent méritaient d'ailleurs d'être prises tout particulièrement en considération.

Pour ce recueil on s'écartera de la marche suivie par les éditeurs des Cartulaires qui viennent d'être mentionnés : on ne reproduira pas les chartes dans l'ordre où les ont disposées les rédacteurs des cartulaires du moyen âge, mais bien suivant l'ordre chronologique. Ce classement, qui est le seul vraiment scientifique, n'est pas toujours applicable, et soulève parfois des difficultés insolubles; mais il s'imposait absolument pour une collection dont on demandait les éléments moins aux cartulaires anciennement rédigés qu'aux chartes originales et aux copies jadis faites d'après des chartes originales.

M. Auguste Bernard, avec un zèle, une obstination et une sagacité auxquels on ne saurait assez rendre hommage, était parvenu à se procurer la copie et l'indication de presque toutes les pièces du chartrier de Cluni qui sont aujourd'hui dispersées à Cluni, à Paris et dans beaucoup d'autres lieux. Mais il est mort sans avoir revu et vérifié les copies et sans avoir fixé les dates avec une précision suffisante. Ce travail délicat, beaucoup plus long qu'on n'aurait pu le supposer, a été confié à M. Bruel, qui l'a exécuté sur la plus ancienne série des chartes de Cluni. Nous ne tarderons pas à posséder le volume où seront réunis les actes du ixe et d'une partie du xe siècle.

X

RECUEIL DES MONUMENTS INÉDITS DE L'HISTOIRE DU TIERS ÉTAT, par Augustin Thierry. Première
série : chartes, coutumes, actes municipaux..... Région du Nord, t. I à III : Amiens et
l'Amiénois; t. IV : Abbeville et la basse Picardie, 1850-1870. (Les premiers volumes
presque épuisés.)

Les cartulaires les plus anciens nous sont généralement venus des
églises; les places d'honneur y sont réservées aux membres les plus
élevés de la société ecclésiastique et féodale. On y voit bien figurer les
hommes de condition inférieure, mais ils n'y paraissent guère que pour
reconnaître les devoirs auxquels ils étaient assujettis. D'ailleurs, le rôle
du tiers état ne commence à devenir vraiment remarquable qu'à
l'époque où s'arrêtent les cartulaires qui, en raison de leur ancienneté,
devaient d'abord fixer l'attention du Comité et réclamer ses premiers
soins. Il fallait donc composer un recueil spécial, et faire pour le troisième des anciens ordres de la nation ce qui s'était fait depuis plus de
deux siècles, par l'érudition française, pour la noblesse et le clergé.
L'architecte du monument était désigné d'avance, et M. Augustin
Thierry, malgré les infirmités dont il était frappé, accueillit avec l'en-
thousiasme d'un jeune homme les projets dont l'exécution lui fut confiée
en 1836 par M. Guizot, et en vue desquels d'immenses recherches
furent aussitôt entreprises à Paris, dans les départements et même à
l'étranger.

D'après le plan primitif, les pièces qui devaient entrer dans le
recueil auraient été rangées sous plusieurs chefs, selon qu'elles se
rapportaient à la condition privée ou publique des personnes roturières, à leur existence dans la famille, dans la corporation, dans la
commune, dans la province et dans l'État. On les aurait ramenées à
ces quatre divisions : 1° état des personnes roturières, soit de condition serve, soit de condition libre; 2° état de la bourgeoisie considérée
dans ses diverses corporations; 3° ancien état des villes, bourgs et
paroisses de France; 4° rôle du tiers état dans les assemblées d'états
généraux ou provinciaux. Mais bientôt l'éditeur, effrayé de l'immen-

sité de la tâche, déclarait qu'il ajournait indéfiniment la première partie, et qu'il écartait la quatrième, qui d'ailleurs devait être l'objet d'une publication spéciale.

Augustin Thierry a porté ses premières recherches sur la région du nord de la France : dans cette région, il a choisi la province de Picardie, et, dans cette province, la ville d'Amiens, qui, par son importance, l'ancienneté de sa commune et le grand nombre de monuments renfermés dans ses archives, méritait cette préférence.

L'histoire municipale de cette seule ville comprend les deux premiers volumes du recueil : elle se continue dans la majeure partie du troisième, qui se termine par l'histoire des communes de Corbie, de Poix et de quelques autres bourgs ou villages de l'Amiénois.

La mort est alors venue surprendre Augustin Thierry, et le quatrième volume, qu'il avait préparé, a été publié par ses collaborateurs, MM. Félix Bourquelot et Charles Louandre. Ce volume se rapporte aux communes comprises dans l'arrondissement d'Abbeville et dans une portion des arrondissements de Doullens, de Montreuil et de Saint-Pol.

En tête de l'ensemble des documents relatifs à chacune des communes, on trouve une notice historique, plus ou moins développée, suivant l'importance des localités, et chaque document est précédé d'une analyse explicative qui le résume ou qui appelle l'attention du lecteur sur certains détails plus particulièrement intéressants.

Telle est la mise en œuvre du plan adopté par Augustin Thierry. Si ce plan comporte d'immenses développements et amène des lenteurs considérables dans l'exécution, il est du moins d'une précision et d'une netteté indiscutables, et, réduit à de justes proportions, il pourra servir de modèle aux éditeurs qui voudront continuer l'œuvre de l'éminent historien. Les quatre volumes publiés ne renferment pas seulement les monuments de l'histoire municipale d'Amiens et de l'Amiénois, d'Abbeville et du Ponthieu : les introductions du tome I et du tome II ont une portée plus générale, et sont cités, à bon droit, parmi les chefs-d'œuvre d'Augustin Thierry. Il y a tracé, dans l'un, l'histoire de la formation et des progrès du tiers état; dans l'autre, un tableau des formes de l'administration municipale dans les diverses régions de la France. Dans toutes les deux brillent d'un vif éclat la largeur de vues, la sûreté d'érudition et la fermeté de style qui ont fait la réputation de l'auteur de la *Conquête de l'Angleterre* et des *Récits des temps mérovingiens.*

<h1 style="text-align:center">XI</h1>

ARCHIVES DE LA VILLE DE REIMS, collection de pièces inédites pouvant servir à l'histoire des institutions dans l'intérieur de la cité, par P. Varin. Archives administratives, t. I-III. — Archives législatives, 1. Coutumes; Archives législatives, 2. Statuts, t. I-III[1]. — Table générale des matières, par M. L. Amiel, 1839-1852, 8 vol. (Ouvrage presque épuisé.)

A la collection que M. Augustin Thierry avait entreprise sur l'histoire du tiers état doit se rattacher le vaste recueil consacré à l'histoire de la ville de Reims. Curieux de connaître la constitution intérieure d'une cité, à toutes les périodes et dans toutes les conditions possibles de son existence, M. Varin avait choisi pour sujet de ses études une ville importante, qui a passé par toutes les phases de la cité sur notre sol depuis l'époque gauloise jusqu'aux temps modernes; et pour rendre son étude encore plus complète, il fit porter ses recherches, non-seulement sur les institutions municipales, mais encore sur le milieu dans lequel elles ont fonctionné, sur toutes les institutions avec lesquelles, dans le sein même de la cité, elles se sont trouvées en contact. Ce cadre était encore plus vaste que celui de M. Augustin Thierry; aussi n'a-t-il pu être entièrement rempli, quoique huit gros volumes aient été publiés sous le titre d'*Archives de la ville de Reims.* L'auteur est mort sans avoir terminé sa compilation, et la table qu'on y a ajoutée est loin de réparer le désordre apparent qui règne dans l'ouvrage et qui souvent empêche d'en tirer parti. Malgré ce défaut, le recueil de M. Varin, dont les éléments ont été choisis dans les dépôts de Paris, de Reims, de Châlons et d'autres

[1] Le troisième volume des Statuts porte sur le titre l'indication de t. IV des Archives législatives.

villes, est d'un prix inestimable, non pas tant pour l'histoire parti-
culière de la ville de Reims que pour notre histoire générale du xiiie
et du xive siècle. L'auteur a divisé son recueil en deux parties :
Archives administratives et Archives législatives. Dans la première
partie (Archives administratives, t. I, II et III) ont été mis tous les
actes administratifs, toutes les chartes, tous les textes susceptibles
d'un classement chronologique et qui peuvent concourir à jeter quelque lumière sur l'administration locale depuis l'époque la plus ancienne
jusqu'à la fin du xive siècle. La seconde partie, Archives législatives,
se subdivise en deux sections : Coutumes (1 vol.) et Statuts (3 vol.).
Une large place a été donnée dans les deux parties aux actes de l'autorité royale et à ceux de l'autorité ecclésiastique. Il en résulte qu'on
y suit avec un égal intérêt l'action des officiers du roi et celle des
officiers de l'archevêque, dans une grande ville pourvue d'institutions
municipales très-développées. A certains égards, les Archives de Reims
sont le complément indispensable du Recueil des ordonnances des rois
de France de la troisième race, et nulle part ailleurs on ne se rend
aussi bien compte de l'exercice de la juridiction ecclésiastique au xiiie
et au xive siècle.

XII

LETTRES DE ROIS. REINES ET AUTRES PERSONNAGES DES COURS DE FRANCE ET D'ANGLETERRE, depuis
Louis VII jusqu'à Henri IV, tirées des Archives de Londres par Bréquigny, et publiées
par M. Champollion-Figeac, 1839-1847, 2 vol. (Ouvrage presque épuisé.)

Par les publications de M. Augustin Thierry et de M. Varin, on a
entrevu les ressources que les archives de nos anciennes communes
peuvent fournir pour une longue période de nos annales. M. Champollion-Figeac, dans les deux volumes qu'il a fait paraître en 1839 et
1847, a voulu montrer, par des exemples pris un peu au hasard, ce que
les historiens français peuvent demander aux archives de l'Angleterre.
Il a parcouru les 107 volumes de la Bibliothèque nationale où sont
classées les copies que Bréquigny rapporta de Londres à la fin du siècle
dernier, et en a tiré 619 pièces, dont les plus anciennes sont du règne
de Louis le Jeune. La collection, comme le titre l'indique, devait aller

jusqu'au règne de Henri IV; on l'a arrêtée à la mort de Louis XII. Les 619 pièces dont elle se compose présentent la plus grande variété, quoiqu'on ait à peu près systématiquement écarté les documents qui se trouvent en si grand nombre dans les volumes de Bréquigny sur les négociations diplomatiques, sur les communes de la Guyenne, sur l'administration des domaines et sur les généalogies des anciennes familles. L'éditeur s'est fait un devoir de donner, en tête du tome premier, une relation détaillée de la mission que Bréquigny remplit à Londres avec le plus entier succès, et qui se rattache aux grandes entreprises littéraires dont l'honneur revient surtout au ministre Bertin.

XIII

CHRONIQUE DES DUCS DE NORMANDIE, par Benoît, trouvère anglo-normand du xii⁰ siècle, publiée pour la première fois, d'après un manuscrit du Musée Britannique, par Francisque Michel, 1836-1844, 3 vol. (Ouvrage presque épuisé.)

Telle est la richesse des dépôts anglais, que Bréquigny, malgré l'étendue de ses recherches, laissa beaucoup à faire à ses successeurs. Des nombreux missionnaires que le Gouvernement français a envoyés de nos jours en Angleterre, il en est peu qui soient revenus sans enrichir le domaine historique et littéraire de la France du moyen âge. Au moment même où le Comité inaugurait ses travaux, M. Francisque Michel rapportait d'Angleterre la copie de deux ouvrages d'une importance capitale : la Chanson de Roland, si longtemps oubliée, mais qui devait bientôt retrouver son ancienne célébrité, et la Chronique des ducs de Normandie, par Benoît. Cette chronique, comparable de tout point au Roman de Rou, est à la fois un tableau complet des traditions populaires sur les premiers siècles de l'histoire de Normandie, et l'un des plus beaux monuments de la langue française au xii⁰ siècle. A ce double titre il méritait d'avoir une place dans la Collection des documents inédits. L'éditeur, M. Francisque Michel, a bien mérité des philologues et des historiens, par le soin qu'il a mis à reproduire le manuscrit du Musée Britannique, à relever les variantes d'un manus-

crit de la bibliothèque de Tours, à rédiger le glossaire et à rapprocher
des récits de Benoît les passages correspondants des anciens auteurs
qui ont écrit en latin ou en français l'histoire des ducs de Normandie.
Parmi les vieux poëmes français ajoutés à l'édition de l'ouvrage de
Benoît, il faut citer une Vie de saint Thomas, archevêque de Can-
torbéry, tirée du manuscrit français 902 de la Bibliothèque nationale,
et la Chronique de Jourdain Fantosme· sur la guerre que le roi
Henri II soutint en 1173 et 1174 contre son fils aîné.

XIV

HISTOIRE DE LA CROISADE CONTRE LES HÉRÉTIQUES ALBIGEOIS, écrite en vers provençaux
par un poëte contemporain, traduite et publiée par M. C. Fauriel, 1837. (Ouvrage épuisé.)

Comme la Chronique des ducs de Normandie, l'Histoire de la croisade contre les Albigeois est à la fois un monument historique et littéraire. Ce poëme est·le récit, en forme de chanson de geste, de la
croisade, depuis ses débuts jusqu'au second siége de Toulouse en 1218.
L'ouvrage, comme M. Meyer l'a démontré en 1865[1], est formé de
la juxtaposition de deux poëmes absolument distincts par la forme
comme par les idées. Le premier ne dépasse guère l'année 1212. L'auteur du premier poëme, Guillaume, originaire de Tudèle en Navarre,
paraît avoir été le protégé du comte Baudouin, qui, d'abord partisan de
son frère, le comte de Toulouse Raimon VI, se rangea ensuite du côté
des croisés. Cette première partie a été écrite au fur et à mesure des
événements, entre 1210 et 1212. Le second poëme, écrit probablement en 1218 et 1219, est l'œuvre d'un poëte toulousain anonyme,
partisan enthousiaste du comte de Toulouse. Cette seconde partie se
recommande par un véritable mérite littéraire. L'ouvrage entier, tel
qu'il est composé, est l'une des deux principales sources de l'histoire
de la croisade albigeoise ; l'autre récit de cette croisade est l'histoire

[1] *Bibliothèque de l'École des chartes*, 6ᵉ série, t. Iᵉʳ, p. 401. — M. Meyer prépare
pour la Société de l'histoire de France une
nouvelle édition et une nouvelle traduction
de l'Histoire de la croisade albigeoise. Le
premier volume sera distribué en 1875.

de Simon de Montfort, par Pierre des Vaux de Cernay, ouvrage rédigé avec une grande partialité, et qui d'ailleurs fournit peu de renseignements sur les débuts de la croisade.

XV

Histoire de la guerre de Navarre, en 1276 et 1277, par Guillaume Anelier, de Toulouse, publiée avec une traduction, une introduction et des notes, par M. Francisque Michel, 1856.

Un autre poëme en langue d'oc, dont le manuscrit unique a été trouvé à Pampelune par M. Francisque Michel, se compose d'environ 3,000 vers, dans lesquels Guillaume Anelier a raconté les rivalités et les luttes de la ville de Pampelune et des bourgs voisins, en 1276 et 1277. Les événements dont la Navarre fut alors le théâtre ont pour notre histoire un intérêt direct, puisqu'ils amenèrent l'intervention du roi de France. Les histoires contemporaines, telles que la Chronique de Guillaume de Nangis et la Branche des royaux lignages de Guillaume Guiard, en parlent d'une façon assez sommaire. Seul, le poëme de Guillaume Anelier nous en fait connaître le détail. Pour être en vers, ce récit n'en a pas moins une grande valeur historique. Il est l'œuvre d'un témoin oculaire, d'un homme qui paraît avoir été attaché à la personne d'Eustache de Beaumarchais, envoyé par Philippe le Hardi en Navarre pour rétablir la paix entre les partis qui divisaient le pays. M. Francisque Michel a joint au texte et à la traduction de cet ouvrage un ample commentaire, dans lequel ont pris place un grand nombre de documents inédits, par lesquels sont complétés et contrôlés les récits de Guillaume Anelier.

XVI

Les Familles d'outre-mer, de Du Cange, publiées par M. E. G. Rey, 1869.

La nécessité de ne pas séparer deux documents qui offrent autant d'analogie que les deux poëmes publiés par MM. Fauriel et Francisque

13.

Michel nous a obligés de mentionner un ouvrage relatif à des événements du règne de Philippe le Hardi avant deux recueils qui appartiennent au règne de saint Louis : les Olim du parlement et les Règlements d'Étienne Boileau. Au règne de saint Louis, qui vit les dernières croisades dignes de ce nom, peut aussi se rattacher le seul volume que la section d'histoire ait encore pu consacrer dans la Collection des documents aux expéditions ou aux établissements des Francs en Orient au moyen âge. C'est l'ouvrage de Du Cange, intitulé : *les Familles d'outre-mer.*

Ce titre, emprunté à un monument généalogique du xive siècle fort précieux, a dû être conservé, parce que Du Cange l'avait choisi et l'avait inscrit en tête de son manuscrit, préparé pour l'impression peu de temps avant sa mort; mais il n'indique pas tout ce que renferme l'œuvre posthume de l'illustre auteur du Glossaire de la basse latinité. Puisé, comme tous les écrits de Du Cange, aux sources les plus sûres et les plus diverses, cet ouvrage renferme d'abord une histoire abrégée des royaumes de Jérusalem, de Chypre et d'Arménie; ensuite les séries généalogiques, avec développements historiques, continuées aussi loin que les documents l'ont permis jusqu'aux xve et xvie siècles, des principales familles princières ou feudataires des deux royaumes de Jérusalem et de Chypre, telles que les familles d'Antioche, de Galilée, de Jaffa, d'Édesse, de Tibériade, de Giblet, de Sidon, de Tyr, d'Ibelin, de Soissons, de Porcelet, de La Baume, de Dampierre, de Picquigny, de Provane, de Montolif et autres, d'origines diverses, mais la plupart françaises; troisièmement, les séries des grands officiers des trois royaumes; quatrièmement, la succession des évêques et des abbés de terre sainte et de Chypre; et cinquièmement, les séries des grands dignitaires des trois ordres militaires du Temple, de l'Hôpital et de Notre-Dame des Allemands ou ordre Teutonique.

Les Familles d'outre-mer répondent donc, pour les trois royaumes chrétiens de Jérusalem, de Chypre et d'Arménie, aux notions historiques que donnent pour la France l'Art de vérifier les dates, l'Histoire généalogique du P. Anselme, et le *Gallia christiana.*

L'œuvre de Du Cange, très-complète et vraiment admirable pour l'époque à laquelle elle fut composée, n'était pas au courant des progrès que l'histoire des croisades a vus s'accomplir depuis bientôt deux siècles. Les éditeurs, M. Taranne et M. Guillaume Rey, ont essayé de remédier à cet inconvénient en ajoutant des additions et des observations, qui ne se confondent pas avec le texte primitif.

XVII

Les Olim ou registres des arrêts rendus par la cour du roi sous les règnes de saint Louis, de Philippe le Hardi, de Philippe le Bel, de Louis le Hutin et de Philippe le Long, publiés par le comte Beugnot, 1839-1848, 4 vol. (Ouvrage presque épuisé.)

On appelle *Olim* les quatre premiers registres du parlement de Paris. Cette singulière dénomination vient de ce que le second registre commence par les mots : « Olim homines de Baiona. » Les registres Olim nous ont conservé la substance et souvent le texte même des arrêts rendus à la cour du roi depuis 1254 jusqu'en 1318, et des jugements prononcés sur enquêtes pendant la même période, à l'exception toutefois des jugements des années 1273-1298, qui remplissaient un registre aujourd'hui perdu, mais dont on a pu suivre la trace jusqu'au xvie siècle [1]. La publication de ces registres est l'un des plus grands services que l'érudition contemporaine ait rendus à l'étude de notre histoire. Nul autre document ne jette autant de clarté sur les progrès du pouvoir royal et sur l'abaissement de la féodalité française au xiiie siècle. Nulle part on ne saisit aussi complétement le jeu des institutions qui ont fini par transformer la société du moyen âge. Trente-cinq ans se sont écoulés depuis que M. le comte Beugnot, mettant au jour le premier volume des Olim, annonçait que ce document révélerait aux historiens le caractère véritable d'une des époques les plus animées et les plus intéressantes de notre histoire. Les prévisions

---

[1] Tous les fragments qu'on a pu recouvrer du registre perdu des Olim sont réunis dans les deux volumes suivants : *Actes du parlement de Paris*, t. I, p. 297-464 ; *Notices et extraits des manuscrits de la Bibliothèque nationale*, t. XXIII, part. ii, p. 113-194.

du savant éditeur ont été justifiées par l'usage qu'ont fait des Olim les auteurs qui, de nos jours, ont pris pour sujet d'études les règnes de saint Louis et de Philippe le Bel.

XVIII

Règlements sur les arts et métiers de Paris, rédigés au xiiie siècle et connus sous le nom du Livre des métiers d'Étienne Boileau, publiés pour la première fois en entier d'après les manuscrits de la Bibliothèque du roi et des Archives du royaume, avec des notes et une introduction, par G. B. Depping, 1837. (Ouvrage presque épuisé.)

Étienne Boileau fut nommé prévôt de Paris en 1258 et occupa cette charge pendant dix ans environ. Il avait réuni, sous le titre de *Livre des métiers*, tous les règlements relatifs à la police, à l'industrie et au commerce de Paris. Le recueil était divisé en trois parties : la première renfermait tout ce qui concernait la réglementation des métiers; la seconde, ce qui se rattachait aux impositions dont étaient frappées les marchandises, telles que taxes sur le transport, le débarquement, l'exposition et la vente des denrées; la troisième partie était un tableau de toutes les juridictions qui s'exerçaient alors à Paris. M. Depping a publié les deux premières parties d'après plusieurs anciens manuscrits de la Bibliothèque nationale et des Archives. Le texte de la troisième ne paraît pas nous avoir été transmis; l'éditeur l'a remplacé par un recueil fort utile de 46 ordonnances sur les métiers et le commerce, émanées des prévôts de Paris depuis 1270 jusqu'en 1300.

Le livre d'Étienne Boileau est un fidèle miroir dans lequel se reflètent les moindres détails de la vie industrielle et commerciale de Paris au xiiie siècle [1]. C'est le plus ancien monument de la législation des communautés d'artisans en France; il a sur les règlements postérieurs l'avantage d'être en grande partie l'œuvre des corporations mêmes, et non une suite de règlements tracés par l'autorité supérieure.

---

[1] Telle est l'importance du livre des métiers d'Étienne Boileau, qu'une seconde édition va en être donnée dans la collection de documents que publie la ville de Paris.

XIX

Livre de la Taille, d'après des documents originaux et notamment d'après un manuscrit contenant le rôle de la taille imposée sur les habitants de Paris en 1292, publié pour la première fois par H. Géraud, 1837.

En 1292, les bourgeois de Paris, pour se racheter de l'imposition extraordinaire qui venait d'être mise sur les denrées et qui consistait dans le denier pour livre payable à la fois par l'acheteur et le vendeur, offrirent au roi une somme de 100,000 livres, exigible par un certain nombre d'annuités. Les comptes de la taille qui fut levée depuis 1292 jusqu'en 1300 pour parfaire la somme de 100,000 livres sont con- servés, l'un à la Bibliothèque nationale, les autres aux Archives. Le texte du premier a été imprimé et commenté par M. Géraud, qui, n'ayant point connu les autres [1], n'a pu ni déterminer la nature de la taille, ni tirer d'un compte isolé les conséquences économiques qu'au- raient comportées l'ensemble du document. Mais, tout incomplète qu'elle est, la publication de 1837 offre le plus haut intérêt pour la topographie et la statistique de Paris à la fin du xiiie siècle.

On y trouve, en effet, paroisse par paroisse et rue par rue, la liste de tous les Parisiens qui étaient soumis à la taille en 1292. Il y a donc là un véritable recensement de la population de Paris, avec d'utiles renseignements sur les portes, les rues, les places, les carre- fours, les écoles, les palais, les hôtels, les églises et les couvents de la ville.

Les commentaires qui accompagnent le texte forment la plus grosse partie du volume. Ce sont d'abord des notes sur les rues de Paris, d'après les indications fournies par le rôle de la taille, et aussi par les plans anciens et par les ouvrages spéciaux. Sous le titre de *Résumé historique et statistique*, l'éditeur étudie l'enceinte de la capitale, les divisions de Paris en quartiers et les principaux monuments. Après

---

[1] Voyez à ce sujet le travail de M. Boutaric, dans *Notices et extraits des manuscrits*, t. XX, part. II, p. 103.

avoir exprimé son opinion sur les développements de la population parisienne, il donne la nomenclature des professions auxquelles on se livrait alors à Paris. Cette notice, intéressante pour l'histoire de l'industrie, se termine par quelques pages sur la population juive et sur les impôts.

L'appendice du volume contient une nomenclature des rues de Paris, en vers français, d'après un manuscrit du xv⁵ siècle, conservé à Londres dans le fonds Cottonien, et le Dictionnaire de Jean de Garlande (opuscule du commencement du xiii⁵ siècle [1], et non pas du xi⁵ siècle comme on l'a cru longtemps), dans lequel sont passées en revue toutes les industries de Paris, avec l'énumération des outils employés par les artisans, et celle des objets à fabriquer, à vendre ou à réparer.

XX

Li livres de jostice et de plet, publié pour la première fois d'après le manuscrit unique de la Bibliothèque nationale, par Rapetti, avec un glossaire des mots hors d'usage par P. Chabaille, 1850. (Ouvrage presque épuisé.)

Le Livre de jostice et de plet n'est pas une œuvre originale, c'est bien plutôt une compilation, ou même simplement la mise au net de notes recueillies par un écolier studieux dans l'une des universités françaises où le droit était enseigné au xiii⁵ siècle.

A ce point de vue restreint, et quand bien même on ne devrait y voir qu'un reflet de l'enseignement donné dans les universités, le Livre de jostice et de plet n'en serait pas moins curieux. A l'époque où il fut rédigé, les communes venaient de naître; un troisième ordre de citoyens, la bourgeoisie, commençait à s'élever et devait amener, pour les intérêts nouveaux qui se manifestaient, une législation nouvelle que le pouvoir royal était encore impuissant à lui donner.

La force des choses exigeait donc que le droit romain, le droit

---

Il a été réimprimé plusieurs fois, et en dernier lieu par M. Scheler, dans son opuscule intitulé : *Lexicographie latine du xii⁵ et* *du xiii⁵ siècle* (Leipzig, 1867, in-8°; extr. du *Jahrbuch für romanische und englische Literatur*).

canonique et le droit coutumier se fissent de mutuelles concessions.

On peut voir dans le Livre de jostice et de plet le commencement encore humble et confus de ce travail entrepris par les légistes et les glossateurs, et qui, secondé par la royauté, devait produire l'unité dans le gouvernement de la France, l'unité dans la législation, et se résumer, après cinq siècles de tâtonnements et d'essais, dans ce grand ensemble qui s'appelle aujourd'hui le Code civil, et qui est, ainsi que le disent ses auteurs, « une transaction entre le droit romain et les coutumes. »

L'édition du Livre de jostice et de plet, préparée par M. Klimrath d'après le manuscrit unique de la Bibliothèque nationale (n° 2844 du fonds français), a été donnée par M. Rapetti, avec la collaboration de M. Chabaille, qui a dressé un glossaire où la valeur de beaucoup de mots est déterminée par des exemples empruntés à différents textes anciens.

XXI

Procès des Templiers, publié par M. Michelet. T. I-II, 1841-1851, 2 vol. (Ouvrage presque épuisé.)

Les poursuites dirigées contre l'ordre du Temple constituent sans contredit l'un des événements les plus notables du moyen âge. Le dénoûment de ce grand drame judiciaire est connu; mais ses véritables causes sont encore obscures. C'est pour faire disparaître ces obscurités que le Comité chargea, en 1837, M. Michelet de recueillir les pièces originales concernant le procès des Templiers.

Les deux volumes publiés par M. Michelet, l'un en 1841, l'autre en 1851, contiennent l'acte le plus important du procès, c'est-à-dire l'interrogatoire que le grand maître Jacques de Molay, et deux cent trente et un chevaliers ou frères servants subirent à Paris, du 22 novembre 1309 au 26 mai 1310, par-devant les commissaires ecclésiastiques, à ce délégués par le pape Clément V. On fit de cet interrogatoire deux procès-verbaux authentiques : l'un, copié sur vélin, fut envoyé au

: 14

pape, et doit se trouver aujourd'hui au Vatican ; l'autre, écrit sur papier, fut déposé au trésor de Notre-Dame de Paris, d'où il est arrivé à la Bibliothèque nationale (ms. latin 11796) en passant par le cabinet de Harlay et l'abbaye de Saint-Germain des Prés. C'est ce dernier manuscrit qui a été publié par M. Michelet.

Les formes de procédure employées par les commissaires pontificaux sont curieuses à étudier ; mais les témoignages recueillis offrent un intérêt bien plus considérable. « Cet interrogatoire, dit l'éditeur, fut conduit avec beaucoup de ménagement et de douceur... Les dépositions ainsi obtenues méritent plus de confiance que les aveux... que les inquisiteurs et les gens du Roi avaient arrachés par la torture immédiatement après l'arrestation. »

A la suite du grand interrogatoire de 1309-1310, on lit l'interrogatoire subi au Temple de Paris par cent quarante Templiers, du 19 octobre au 24 novembre 1307 (d'après une pièce du Trésor des chartes, J 413), et l'interrogatoire des Templiers du diocèse d'Elne, en Roussillon, en 1310 (d'après le ms. latin 3376 de la Bibliothèque nationale).

M. Michelet s'exprime ainsi dans l'avertissement placé en tête du tome II : « Les pièces qu'on va lire, et qui ne nous étaient connues jusqu'ici qu'imparfaitement, sont de nature à modifier sous plusieurs rapports les hypothèses que nous avons émises au tome III de notre Histoire de France, en faveur de l'ordre du Temple. »

Ces lignes suffisent pour démontrer l'importance historique de la publication entreprise par le Ministère, et la nécessité de la compléter par la publication de nombreux documents inédits ou peu connus, que renferment encore sur le même sujet la Bibliothèque et les Archives nationales.

XXII

Privilèges accordés a la couronne de France par le saint-siége, publiés d'après les originaux conservés aux Archives de l'Empire et à la Bibliothèque impériale, 1855. (Ouvrage presque épuisé.)

Sur la fin du règne de Philippe le Bel, ou un peu après la mort de ce roi, on mit en ordre au Trésor des chartes et l'on transcrivit

sur un registre toutes les bulles des papes relatives aux priviléges spi-
rituels de la couronne de France. Cette collection de bulles, qui
remonte au commencement du xiiie siècle et qui fut continuée jusqu'au xviie, a été publiée par MM. Adolphe et Jules Tardif, non pas
d'après le registre dressé vers 1315, qui n'a été reconnu que dans ces
derniers temps[1] (c'est le ms. latin 12726 de la Bibliothèque nationale), mais d'après les originaux du Trésor des chartes et d'après deux
registres de la fin du xive siècle conservés à la Bibliothèque nationale
(mss. latins 9813 et 9814). Le recueil de MM. Tardif n'éclaire pas
seulement un côté des rapports des rois de France avec le saint-siége,
il offre plus de 300 pièces dans lesquelles on peut étudier la plupart
des détails de la diplomatique pontificale, à partir du xiiie siècle.

XXIII

LETTRES, MANDEMENTS ET ACTES DIVERS DE CHARLES V, 1364-1380, recueillis dans les
collections de la Bibliothèque nationale, publiés ou analysés par Léopold Delisle, 1874.

Le règne de Charles V est représenté par deux ouvrages dans la
Collection des documents inédits : la Chronique de Bertrand Duguesclin et les Mandements et actes divers de Charles V. Celui-ci comprend le texte ou l'analyse d'environ 2,100 pièces trouvées dans les
différentes collections de la Bibliothèque nationale et dont la plupart
viennent des archives de la Chambre des comptes. Quoique ces 2,100
pièces ne soient qu'une minime partie des actes expédiés à la chan-
cellerie de Charles V, elles suffisent pour bien faire connaître plusieurs
des institutions administratives et financières de ce règne réparateur.
On y suit les mesures prises pour effacer les désastres du règne précédent. On y voit comment le roi sut diriger vers le noble but qu'il
avait en vue le courage, l'habileté et le dévouement des capitaines,
des conseillers, des négociateurs, des secrétaires et des agents de tout
ordre qu'il prit à son service. Un grand nombre des mandements publiés

[1] Voyez un mémoire de M. Molinier, dans la *Bibliothèque de l'École des chartes,* année
1873, tome XXXIV, p. 159.

ou analysés se rapportent aux dépenses de la maison du roi, de la reine et de leurs enfants; ils abondent en renseignements sur l'état de l'industrie, du commerce, du costume, de l'ameublement, des arts et des lettres dans la seconde moitié du xive siècle. Enfin, les historiens y trouvent le moyen de fixer la date de beaucoup d'événements importants et d'indiquer exactement le nom des personnages qui ont aidé Charles V à replacer la France, pour un temps malheureusement trop court, au rang qu'elle devait occuper dans le monde.

XXIV

Chronique de Bertrand Duguesclin, par Cuvelier, trouvère du xive siècle, publiée pour la première fois par E. Charrière, 1869, 2 vol. (Ouvrage presque épuisé.)

Autant il faut accorder de confiance à des actes officiels tels que les mandements de Charles V, autant nous devons nous tenir en garde contre les récits romanesques qui sont le fond de la Chronique de Bertrand Duguesclin. Cette chronique n'est cependant pas à dédaigner. Le trouvère Cuvelier, qui l'a mise en vers peu d'années après la mort du bon connétable, s'est fait l'écho de la voix populaire et a le premier donné à la légende de Duguesclin la forme que le temps a consacrée et dont la critique du xixe siècle fera peut-être justice, sans porter atteinte aux sentiments d'admiration que commande un nom justement célèbre. M. Charrière, qui a publié le poëme de Cuvelier d'après deux manuscrits, l'un de la Bibliothèque nationale, l'autre de la bibliothèque de l'Arsenal, en a convenablement fait ressortir le mérite littéraire; par les notes et surtout par les pièces justificatives qu'il y a jointes en trop petit nombre, il a indiqué la voie dans laquelle devront s'engager les historiens qui tiendront à retracer avec une rigoureuse exactitude chacun des épisodes de la vie de Duguesclin.

Dix-sept feuilles du second volume de l'édition de M. Charrière sont remplies par une chronique en vers, qui comble une lacune du poëme de Cuvelier : elle a pour sujet la vie de Jean IV, duc de Bretagne, et a été composée vers la fin du xive siècle par un gentilhomme breton nommé Guillaume de Saint-André.

XXV

Chronique du religieux de Saint-Denys, contenant le règne de Charles VI, de 1380 à 1422, publiée en latin pour la première fois et traduite par M. L. Bellaguet, précédée d'une introduction par M. de Barante, 1839-1852, 6 vol. (Ouvrage presque épuisé.)

Cette chronique, dont l'auteur est resté inconnu, est tirée d'un manuscrit de la Bibliothèque nationale. Elle comprend un espace de quarante-deux ans, c'est-à-dire l'un des plus longs règnes de notre histoire. Souvent consultée par les historiens qui se sont occupés de la fin du XIVᵉ siècle et du commencement du XVᵉ, elle n'avait pas encore été publiée, et Le Laboureur n'en avait donné qu'une paraphrase plutôt qu'une traduction. C'est une des sources les plus précieuses et les plus sûres pour tout ce qui concerne les faits politiques, civils et religieux de cette époque. L'auteur, qui était contemporain et témoin des événements, les a exposés avec une impartialité d'autant plus remarquable, qu'il vivait dans un temps où la France était profondément troublée par les divisions des partis d'Orléans et de Bourgogne, par la guerre civile et par le grand schisme d'Occident.

XXVI

Le Mistère du siège d'Orléans, publié pour la première fois, d'après le manuscrit unique conservé à la bibliothèque du Vatican, par MM. F. Guessard et E. de Certain, 1862.

Le mystère du siège d'Orléans, dont le seul manuscrit connu est à la bibliothèque du Vatican, ne figure pas dans la Collection des documents inédits à titre de monument littéraire, ou même de texte pour l'étude de la langue, c'est dans l'histoire politique qu'il est placé; là est en effet son intérêt principal et sa véritable valeur, et il doit être considéré avant tout comme une sorte de chronique dialoguée.

Il est vraisemblable que ce mystère, qui renferme plus de 20,000 vers et où plus de cent personnages prennent la parole, a été représenté à l'occasion de l'anniversaire du 8 mai 1429, jour de la délivrance d'Orléans. Les comptes de la ville, des années 1435 et 1439, établissent qu'on célébra cet heureux événement en jouant, ces deux années-là, un ouvrage de ce genre. Tout porte à croire que c'est celui qui nous occupe. N'en fût-il pas ainsi, d'autres indices suffiraient encore à faire penser qu'il a été composé avant 1435.

Ce récit, sous forme dramatique, est donc, suivant toute apparence, d'un contemporain, et peut-être même d'un témoin oculaire des faits. Dépourvu, il faut en convenir, d'imagination et de verve, il suit « l'ordre des temps » avec le scrupule exagéré que Boileau blâmait chez certains poëtes épiques; mais ce défaut devient une qualité à nos yeux, car nous ne demandons que de l'exactitude à un témoin sincère et naïf.

Sa narration commence en Angleterre, avant le départ des envahisseurs pour la France, et elle ne se termine qu'avec la délivrance d'Orléans. Sans aucun souci des unités de temps ou de lieu, l'auteur nous mène d'Angleterre en France, puis d'un camp à l'autre, et nous fait même assister, suivant la coutume de l'époque, à ce qui se passe en paradis. Ce document explique et complète, à bien des égards, le *Journal du siége*, compilé en 1467, et nous donne ce que nous ne trouverions nulle part ailleurs : les bruits courants, les récits de chaque jour, et, avant tout, l'interprétation populaire des événements.

Il faut ajouter que, si peu que vaille l'œuvre littéraire, l'auteur n'en a pas moins eu l'heureuse idée de traiter le premier un sujet dont, depuis lors, aucun poëte n'est encore parvenu à s'emparer définitivement, et qu'on y peut recueillir, çà et là, certains faits importants pour l'histoire de la grammaire et de la prononciation au xve siècle, que les éditeurs ont pris le soin d'indiquer dans la préface.

XXVII

JOURNAL DES ÉTATS GÉNÉRAUX DE FRANCE, tenus à Tours en 1484, sous le règne de Charles VIII, rédigé en latin par Jehan Masselin, député du bailliage de Rouen, publié et traduit pour la première fois, sur les manuscrits inédits de la Bibliothèque du roi, par A. Bernier, 1835. (Ouvrage presque épuisé.)

Les embarras dans lesquels se trouva plongé le royaume après la mort de Louis XI amenèrent la réunion des états généraux à Tours, au mois de janvier 1484. Nous pouvons assister aux séances de cette assemblée, connaître les membres qui la composaient, entendre les discours qui y furent prononcés, suivre, jour par jour, les phases des graves et souvent orageuses discussions auxquelles donnèrent lieu, entre les députés du pays et les ministres de la royauté, le chiffre et l'assiette des impôts, l'administration des provinces et jusqu'aux principes mêmes du gouvernement de la France. Nous en avons, dans le Journal de Jean Masselin, une relation qui joint à la fidélité d'un procès-verbal officiel la vie et le mouvement d'une grande page historique. L'auteur, dont la biographie a été retracée avec une minutieuse exactitude, en 1851, par M. Charles de Beaurepaire[1], représentait à Tours le clergé du diocèse de Rouen. C'était un homme de tête et un orateur de talent, qui fit triompher ses idées sur plus d'une des questions agitées dans les états. Le journal qu'il nous a laissé a été consulté par la plupart de nos historiens; mais on n'en avait tiré qu'un parti bien insuffisant jusqu'au jour où M. A. Bernier en publia, dans la Collection des documents inédits, le texte accompagné d'une traduction et suivi de plusieurs pièces authentiques, telles que les cahiers présentés au roi par les trois états, la réponse du roi à ces cahiers, des listes de députés suivant l'ordre de séance, et l'inventaire des papiers relatifs aux états de Tours qu'on trouva en 1485 dans la succession du chancelier Pierre Doriole.

XXVIII

Procès-verbaux des séances du conseil de régence du roi Charles VIII, pendant les mois d'août 1484 à janvier 1485, publiés, d'après les manuscrits de la Bibliothèque royale, par A. Bernier, 1836.

Au moment où les états généraux de Tours se séparent après une session de deux mois, nous pouvons entrer dans le conseil même du roi, dont la Bibliothèque nationale (ms. français 5265) possède les

---

[1] *Mémoires de la Société des Antiquaires de Normandie,* tome XIX, p. 268.

procès-verbaux, depuis les premiers jours du mois d'août 1484 jusqu'au 12 janvier 1485. Ces notes, tenues par un secrétaire du roi,
nous éclairent sur la constitution, les attributions et la procédure du
conseil, sur la façon dont la haute administration était entendue et
conduite à la cour après le règne de Louis XI, sur la manière dont le
pouvoir suprême s'exerçait au siége même de la royauté. Il n'y avait
point de ministres responsables, et toutes les résolutions sur la politique,
l'administration et les intérêts des communautés ou des particuliers
étaient prises dans un conseil, dont la composition était essentiellement mobile et subordonnée à des circonstances fortuites et à la nature
des affaires.

XXIX

Négociations diplomatiques de la France avec la Toscane, documents recueillis par Giuseppe
Canestrini et publiés par Abel Desjardins. T. I-IV, 1859-1872, 4 vol.

Arrivés au xvie siècle, nous nous trouvons en présence d'une classe
de documents qui nous a fait presque entièrement défaut pour les
époques antérieures, les correspondances diplomatiques, auxquelles
une place spéciale avait été réservée dès l'origine dans les travaux du
Comité. C'est à l'étranger qu'il nous a fallu demander les plus anciennes séries de ces correspondances. Les archives de Florence nous
ont offert sur les affaires de notre pays une suite inappréciable de
dépêches, qui remontent au commencement du xive siècle, et qui,
déjà abondantes pour les règnes de Louis XI et de Charles VIII, jettent
la plus vive clarté sur nos annales du xvie siècle.

Florence eut longtemps les liens les plus étroits avec la France, et
la patrie de Machiavel et des Médicis ne manqua jamais d'agents
habiles, clairvoyants et actifs. Rien d'étonnant donc à ce que ses archives, tenues avec tant de soin, aient fourni à MM. Canestrini et Abel
Desjardins des documents précieux pour notre histoire nationale. Outre
une introduction générale, placée au commencement de l'ouvrage,
M. Desjardins a mis en tête de chacune des huit périodes qu'embras-

sent les quatre volumes déjà publiés un précis historique, bref et
substantiel, puis une courte notice biographique sur le personnage
qui figure à chaque légation nouvelle. Le règne de Charles IX et la
Saint-Barthélemy reçoivent de ces documents un jour tout nouveau. Ils
font connaître à fond Henri III, et ceux qui l'ignorent, dit excellem-
ment M. Desjardins, ne seront jamais assez reconnaissants envers
Henri IV. Enfin, pour ce dernier règne lui-même, nous pouvons affirmer que le volume qui reste à paraître renfermera les détails les plus
curieux sur la manière dont fut traitée et résolue dans les conseils du
Vatican la grande question de l'absolution.

XXX

RELATIONS DES AMBASSADEURS VÉNITIENS SUR LES AFFAIRES DE FRANCE AU XVI° SIÈCLE, recueillies
et traduites par M. N. Tommaseo, 1838, 2 vol. (Ouvrage presque épuisé.) ·

Il serait superflu de signaler l'importance des Relations des ambassadeurs vénitiens. Tous les savants de l'Europe ont cherché à puiser à
cette source de notions sûres, d'observations judicieuses, de renseignements à la fois généraux et détaillés jusqu'à la précision de la statistique. Dès le temps où le Conseil des Dix prit un ascendant marqué
sur la direction du gouvernement de Venise, on exigea de chaque am-
bassadeur sortant de charge un rapport ou relation d'ensemble sur la
situation, la politique, le caractère des princes et de leurs ministres,
les productions et le commerce du pays dans lequel il avait résidé.
Cet usage a fait affluer dans les archives de Venise de vrais trésors
d'informations sur les personnages considérables et sur les événements
marquants de tous les États où la république a entretenu des agents
du XVI° au XVIII° siècle.

Les deux volumes publiés par M. Tommaseo renferment douze relations du XVI° siècle. La première est d'André Navagiero, en 1528;
la dernière est de Jérôme Lippomano, de 1577. Un étranger, bien
à même de le juger, a apprécié ainsi l'esprit des auteurs de ces relations : « Leur critique est sévère, sans être hostile; leur manière est

simple avec gravité. C'est après avoir beaucoup entendu et beaucoup vu
qu'ils se permettent d'avoir un avis sur les choses. » En signalant les
abus qui les frappent, les lenteurs et l'énormité des frais de la justice,
les rigueurs de la Sorbonne envers les hérétiques, l'étendue exces-
sive et la mauvaise gestion des forêts de la couronne, ils sont tous
unanimes à constater que la France, avec Paris, « capitale supérieure
à toutes les autres capitales, » ainsi s'exprime Marin Cavalli, et comp-
tant déjà plus de 500,000 habitants en 1546, avec l'abondance et
la diversité de ses produits, l'industrie et l'esprit belliqueux de ses
habitants, l'incontestable supériorité de sa cavalerie, l'amour de la nation entière pour ses princes, était l'État le plus compacte et l'un des
plus puissants de l'Europe. La France n'avait cependant encore ni le
Roussillon ni les provinces de l'Est, que devaient lui donner les règnes
suivants.

XXXI

Négociations diplomatiques entre la France et l'Autriche durant les trente premières années
du xvi⁰ siècle, publiées par M. Le Glay, 1845, 2 vol.

Le recueil que M. le docteur Le Glay a formé sur les rapports de la
France avec la maison d'Autriche, pendant les trente premières années
du xvi⁰ siècle, est tiré des archives de Flandre à Lille, de la Bibliothèque nationale de Paris et des Archives royales de Bruxelles. Il comprend les correspondances des agents diplomatiques de Louis XII,
de François I⁰ʳ et de Charles-Quint, de 1500 à 1530, parmi lesquels
figurent, au premier rang, du côté de la France, Jean de Selve,
Olivier de la Vernade, Claude de Seyssel, Antoine du Prat, Étienne
Poucher, et, du côté de l'Autriche, André de Burgo, Philibert Na-
tarelli, Jean de Courteville, Henri de Nassau, Mercurin de Gattinare.
Ces correspondances, du caractère le plus intime, fournissent, sur les
faits et les incidents particuliers qui se groupent autour des faits généraux et des principaux personnages de l'époque, des éclaircissements
utiles et intéressants, notamment sur l'ambassade de Marguerite d'Autriche à son père Maximilien, en 1507, sur la ligue de Cambrai contre

les Vénitiens, sur la ligue contre Louis XII, sur la paix des Dames, sur l'élection de Charles-Quint, sur la politique du pape Jules II, sur la bataille de Pavie et sur le traité de Madrid. Ce recueil ajoute d'importants renseignements à ceux que contient la collection beaucoup plus volumineuse des papiers du cardinal de Granvelle, dont il sera bientôt question.

XXXII

CAPTIVITÉ DU ROI FRANÇOIS Ier, par M. Aimé Champollion-Figeac, 1847.

Le complément naturel du recueil de M. Le Glay est celui que M. Aimé Champollion-Figeac a consacré à la captivité de François Ier, et dont il a trouvé les matériaux dans les archives et les bibliothèques de Paris, ainsi que dans les collections manuscrites d'Espagne, de Portugal et de quelques villes d'Italie. Il se rapporte à trois années du règne de François Ier, de 1524 à 1526, et contient des documents nouveaux sur les circonstances de la campagne de ce prince en Italie, sur la bataille de Pavie, sur la captivité du roi en Italie et en Espagne et sur sa délivrance après le traité de Madrid. Ces documents permettent de rectifier de nombreuses inexactitudes, erreurs ou omissions qui ont été introduites dans nos annales par la plupart des historiens en ce qui concerne ces événements et les personnages qui y ont pris part. La correspondance de François Ier avec sa mère Louise de Savoie, avec sa sœur Marguerite duchesse d'Alençon, avec ses maréchaux et ses ambassadeurs, ses relations avec l'empereur Charles-Quint et les poésies qu'il composa pendant sa captivité présentent beaucoup d'intérêt. M. Aimé Champollion a ajouté comme appendice à ce recueil cinq documents découverts, au moment même de la publication, dans les archives de Venise, qui font voir quelles étaient alors les dispositions du gouvernement de cette république à l'égard de François Ier et de Charles-Quint.

XXXIII

Papiers d'État du cardinal de Granvelle, d'après les mss. de la bibliothèque de Besançon, publiés sous la direction de M. Charles Weiss. Tomes I-IX, 1841-1852, 9 vol. (Ouvrage presque épuisé.)

Le cardinal Antoine Perrenot de Granvelle, né à Besançon en 1517, et mort à Madrid en 1586, qui, comme ministre de Charles-Quint et de Philippe II, joua un rôle si considérable dans l'histoire de cette époque, avait laissé un vaste recueil de papiers concernant les affaires de son temps. L'importance de ce recueil, conservé à la bibliothèque de Besançon et formant plus de quatre-vingts volumes in-folio, appela l'attention du Gouvernement. Une commission, instituée sous la direction du savant bibliothécaire de cette ville, M. Ch. Weiss, fut chargée de dépouiller et de mettre en ordre ces manuscrits et d'en publier les parties les plus intéressantes. Ces documents, dont la plupart sont écrits en français, mais parmi lesquels il s'en trouve un grand nombre en latin, en espagnol, en allemand et même en flamand, embrassent la presque totalité du xvie siècle, qui fut si fertile en grands événements. Ils renferment les détails les plus précieux sur les points les plus dignes d'exciter la curiosité, tels que la rivalité entre les maisons de France et d'Autriche, la réforme religieuse et ses progrès en Allemagne, en France et en Suisse, le divorce de Henri VIII, le mariage de sa fille Marie avec Philippe II, les négociations des ambassadeurs, la ligue de Smalcalde, l'abdication de Charles-Quint, etc. On y voit figurer des empereurs, des princes, des hommes d'État, racontant eux-mêmes, sans penser que leurs confidences seraient jamais rendues publiques, la part qu'ils ont prise aux affaires et le rôle qu'ils y ont joué, et nous initiant aux secrets les plus cachés de leur politique.

Les neuf volumes publiés s'arrêtent à l'année 1565. Les papiers dé date plus récente, qui se rattachent moins intimement à l'histoire de France, seront, selon toute apparence, compris dans une des collections historiques qui paraissent à Bruxelles sous les auspices du Gouvernement belge.

XXXIV

NÉGOCIATIONS DE LA FRANCE DANS LE LEVANT, ou Correspondances, mémoires et actes diplomatiques des ambassadeurs de France à Constantinople et des ambassadeurs, envoyés ou
  résidents à divers titres à Venise, Raguse, Rome, Malte et Jérusalem, en Turquie, Perse,
  Géorgie, Crimée, Syrie, Égypte, etc. et dans les États de Tunis, d'Alger et de Maroc,
  publiés pour la première fois par E. Charrière, 1848-1860, 4 vol. (Ouvrage presque
  épuisé.)

Les collections de la Bibliothèque nationale et celles des Archives
nationales ont fourni à M. Charrière la matière de quatre gros volumes
sur les relations de la France avec la Turquie, depuis le règne de
François Ier jusqu'à la fin de la dynastie des Valois. Ce sont, en général,
les dépêches de nos ambassadeurs résidant à Constantinople, à Venise
et à Rome, avec les lettres souveraines et les traités conclus entre la
France et la Porte qu'il a été possible de retrouver. La pensée de cette
politique nouvelle et hardie, destinée à former un contre-poids à la pré-
pondérance de la maison d'Autriche, fut réalisée peu après la bataille
de Pavie, durant la captivité même du roi à Madrid. Et peut-être nos
historiens n'ont-ils pas fait assez honneur à François Ier et à ses conseils
de ce qu'il leur fallut d'indépendance et de résolution pour s'élever au-
dessus des résistances les plus respectables qui les détournaient de
cette voie, et pour fonder ainsi l'alliance, devenue depuis lors tradi-
tionnelle, et qui a permis à la France en plus d'une occasion de servir
les intérêts de l'Église et de la chrétienté entière. On ne peut qu'énumérer bien rapidement ici les événements et les circonstances principales auxquels se rapportent les documents du recueil : Premiers traités
de la France avec la Porte. Ambassade du chevalier Rinçon. Relations
avec les puissances barbaresques. Coopération de la France et de la
Turquie dans les guerres de l'Europe. Protection des intérêts latins à
Jérusalem. Médiation de la France en faveur de Charles-Quint et de
Venise. Ambassade de Jean de Montluc. Ligue générale contre la Turquie.
Médiation de la France. Ambassades d'Aramon, de La Vigne et de
Boistaillé. Complot de Codignac. Siége de Malte. Ambassade de Fran-

çois de Noailles, évêque d'Ax. Mésintelligence entre la France et la Turquie (1567-1570). Guerre avec Venise. Conquête de Chypre par les Turcs. Rétablissement de la paix. Négociations pour la cession d'Alger à la France. Action commune pendant les affaires de Portugal et des Pays-Bas. Ligue générale formée par Sixte-Quint contre la Turquie. Médiation de la France paralysée par la Ligue. L'Angleterre seconde en plusieurs occasions l'action de la France. Ambassades de Savary de Lancosme, à Constantinople, et de M. de Maisse à Venise.

XXXV

NÉGOCIATIONS, LETTRES ET PIÈCES DIVERSES RELATIVES AU RÈGNE DE FRANÇOIS II, tirées du portefeuille de Sebastien de l'Aubespine, évêque de Limoges, par Louis Paris, 1841.

Un seul volume a été jusqu'à présent publié sur le règne si court de François II, qui vit commencer les troubles dont la France devait être le théâtre pendant plus de trente ans. Il contient environ 350 pièces, presque toutes inédites, et dont la plupart proviennent des papiers de Sébastien de l'Aubespine, abbé de Bassefontaine, puis évêque de Limoges, qui remplit des fonctions diplomatiques en Suisse et en Espagne. Ces pièces sont de nature très-variée. Parmi les signataires des lettres, nous citerons François II, Marie Stuart, Catherine de Médicis, Charles IX, le roi de Navarre, Philippe II d'Espagne et sa femme Élisabeth de France, le cardinal de Lorraine, le duc de Guise, etc. Nous signalerons aussi d'intéressants documents sur la mort de Paul IV et l'émeute qui éclata à Rome à cette occasion, le sacre de François II, l'arrivée et la cour d'Élisabeth en Espagne, le mariage de la sœur de Henri II, Marguerite, avec le duc de Savoie, le procès du protestant Anne du Bourg, la conjuration d'Amboise, les troubles du Dauphiné (1559), le procès du prince de Condé, l'assemblée des notables à Fontainebleau, la convocation des états généraux, la mort de François II, des inventaires des pierreries de la couronne, etc.

La publication de M. Louis Paris a été d'autant plus opportune que beaucoup des pièces dont il s'est servi, et qui venaient des archives du château de Villebon, sont aujourd'hui dispersées dans différents cabinets particuliers.

XXXVI

Mémoires de Claude Haton, contenant le récit des événements accomplis de 1553 à 1582, principalement dans la Champagne et la Brie, publiés par M. Félix Bourquelot, 1857, 2 vol.

Les Mémoires de Claude Haton, curé du Mériot, renferment tous les faits contemporains groupés sous chaque année d'après leur nature. On y trouve, pour l'histoire générale, des détails que d'autres écrivains ont négligés ou n'ont point connus. Tels sont : l'assassinat tenté sur Henri III par un nommé Caboche; certaines circonstances de la jeunesse de Charles IX et de ses frères; le massacre des protestants dans une assemblée de la rue Saint-Jacques, enfin quelques scènes de la Saint-Barthélemy. L'attachement de l'auteur pour la religion catholique, tout en lui faisant approuver ce que nul au xviᵉ siècle ne songeait à blâmer, ne fermait pas son cœur à la pitié, et il montre, en plus d'un endroit, en faveur des malheureux paysans des deux religions, victimes de ces luttes effroyables, des sentiments vraiment dignes du saint ministère qu'il avait embrassé.

Si ces mémoires sont parfois utiles à l'histoire générale, ils constituent pour celle de la ville et du territoire de Provins une source unique, à laquelle nul autre document de ce temps ne pourrait être comparé. Malgré le caractère dont l'auteur a été revêtu, on y trouve aussi bon nombre d'anecdotes piquantes, et même un peu grivoises, qui, à cette époque, n'effarouchaient personne. Enfin, l'auteur note à la fin de chaque année le cours des saisons, le prix des denrées, les tremblements de terre, les chaleurs et les froids excessifs, les particularités de la culture, de la récolte des grains et des fruits. A ces renseignements précieux il joint les apparitions d'esprits, de loups-garous, de bêtes qui parlent, les mouvements extraordinaires de certains poissons pris de rage, les possessions, etc. joignant ainsi perpétuellement, aux premières indications des sciences naturelles naissantes, des observations erronées fondées sur l'ignorance et la superstition.

L'éditeur, M. Bourquelot, a imprimé le texte de Claude Haton, d'après le ms. 11575 de la Bibliothèque nationale. Il a consigné dans la préface des recherches bibliographiques fort étendues et fort utiles sur les mémoires et les journaux, encore inédits, dont il a pu constater l'existence pour la seconde moitié du xvie siècle.

XXXVII

Procès-verbaux des états généraux de 1593, recueillis et publiés par M. Aug. Bernard, 1842.

L'oubli dans lequel, après l'avénement de Henri IV, on eut intérêt à laisser plongés les actes des états généraux de la Ligue en 1593 explique assez la suppression ou la dispersion de ces actes et le silence plus ou moins complet des historiens du xvie et du xviie siècle à l'endroit d'une assemblée aussi révolutionnaire. C'était une lacune que Sismondi avait recommandée à l'attention des curieux. M. Auguste Bernard l'a comblée avec beaucoup de succès. En rapprochant plusieurs manuscrits des dépôts de Paris, de Reims et de Montpellier, et en combinant les renseignements adressés par les correspondants du ministère de l'instruction publique, il a composé un recueil complet sur tout ce qui concerne les états généraux de la Ligue, et dans lequel on trouve des listes de députés, des procès-verbaux d'élection, des procès-verbaux de délibération, des relations officielles ou privées, et des actes du parlement qu'on pouvait croire anéantis, puisque Pierre Pithou les avait supprimés quand il avait été chargé par Henri IV d'enlever des registres publics tout ce qu'on y avait mis au préjudice de la majesté du roi et contre les lois du royaume.

XXXVIII

Recueil des lettres missives de Henri IV, publié par M. Berger de Xivrey. T. I-VIII, 1843-1872, 8 vol. (Ouvrage épuisé.)

Le volume préparé par M. Bernard n'a trait qu'à un épisode du règne de Henri IV. La vie tout entière de ce grand roi est embrassée dans le recueil épistolaire entrepris en 1841 et dont nous sommes à la veille de voir l'achèvement.

Si la forme adoptée par les publications du Comité comportait une qualification semblable, nous dirions que c'est ici la plus populaire de nos publications. En effet, consacrée au roi « dont le peuple a gardé la mémoire, » et dont les esprits les plus sérieux ont ressenti la séduction, elle nous montre Henri IV, tantôt dictant des ordres à ses ministres, à ses agents; tantôt conversant avec ses compagnons d'armes, ses amis, ses maîtresses. L'intérêt de la forme s'y joint à celui du fond, et l'on peut dire que la correspondance de Henri IV est un monument de la langue en même temps qu'un document historique. L'heureuse idée de cette publication vraiment nationale est due à l'initiative de M. Villemain, ministre de l'instruction publique, qui en a facilité l'exécution, en organisant, sur tous les points de la France et à l'étranger, des recherches dans les dépôts publics, les collections particulières, les archives des familles. De là un nombre considérable de lettres qui, classées par ordre chronologique, accompagnées de notes historiques et biographiques, ont rempli les sept premiers volumes auxquels feu Berger de Xivrey a donné ses soins. Le huitième, confié à M. Guadet, et comprenant les lettres sans date ou communiquées tardivement, a paru en 1872 et sera bientôt suivi d'un neuvième et dernier volume où l'éditeur résumera l'ordre logique et l'intérêt du recueil dans un travail intitulé : « Henri IV étudié dans sa correspondance. »

XXXIX

Négociations, lettres et pièces relatives a la conférence de Loudun, publiées par M. Bouchitté, 1862.

Plus on avance dans les temps modernes, plus les documents se multiplient et tendent à occuper une place plus grande dans la Collection du ministère. Au règne de Louis XIII appartiennent trois ouvrages : les Négociations relatives à la conférence de Loudun, les Papiers du cardinal de Richelieu et la Correspondance de Henri d'Escoubleau de Sourdis.

M. Bouchitté a rassemblé dans un volume les documents officiels et autres se rapportant aux événements qui s'accomplirent dans le royaume depuis la levée des états généraux de 1614 jusqu'à la pacification conclue en mai 1616, à Loudun, entre la cour, d'une part, et, d'autre part, le prince de Condé et les protestants, qui avaient uni leurs griefs. C'est l'histoire complète des assemblées que les protestants tinrent à Grenoble et à Nîmes, puis des négociations de Loudun, qui aboutirent à une paix peu durable. On ne peut lire ces documents sans reconnaître combien la fermeté d'un Richelieu était nécessaire pour mettre un terme à un état anarchique qui aurait bientôt entraîné la France dans l'abîme.

XL

Lettres, instructions diplomatiques et papiers d'État du cardinal de Richelieu, recueillis et publiés par M. Avenel. Tomes I-VII (1853-1874), 7 vol.

Il était naturel qu'après la correspondance de Henri IV l'attention du Comité se portât sur celle du ministre de Louis XIII qui a continué à beaucoup d'égards, et surtout à l'intérieur, la politique du règne précédent. L'éditeur, M. Avenel, est à la veille de terminer cet important travail. Les sept volumes publiés vont jusqu'à la mort de Richelieu et contiennent le commencement du Supplément. La fin de ce Supplément et une table générale rempliront un VIIIᵉ et dernier volume, qui est déjà sous presse.

Dans une préface placée en tête du tome Ier, l'éditeur établit que les pièces dont se compose sa publication sont toutes l'œuvre même du grand ministre, quoique les manuscrits offrent l'écriture de plusieurs secrétaires, qu'il nous fait connaître. Il indique les sources où il a puisé, et expose le plan qu'il a suivi pour le choix et la disposition de ses matériaux. Telle a été leur abondance, qu'il a dû quelquefois, comme l'éditeur des Lettres de Henri IV, rejeter à la fin des volumes le sommaire des pièces les moins importantes; mais il a donné presque sans exception celles qui s'appliquent à la partie antérieure au ministère du cardinal et moins généralement connue. Le texte est accompagné des notes nécessaires pour en faciliter l'intelligence.

XLI

CORRESPONDANCE DE HENRI D'ESCOUBLEAU DE SOURDIS, archevêque de Bordeaux, chef des conseils du roi en l'armée navale, commandeur du Saint-Esprit, primat d'Aquitaine, etc. augmentée des ordres, instructions et lettres de Louis XIII et du cardinal de Richelieu à M. de Sourdis, concernant les opérations des flottes françaises de 1636 à 1642, et accompagnée d'un texte historique, de notes et d'une introduction sur l'état de la marine en France sous le ministère du cardinal de Richelieu, par M. Eugène Sue, 1839, 3 vol.

Henri d'Escoubleau de Sourdis, archevêque de Bordeaux, né en 1593, mort en 1645, joua un rôle des plus importants sous le ministère du cardinal de Richelieu. Dès 1628, étant déjà évêque de Maillezais, il accompagna Louis XIII au siége de la Rochelle, où il eut l'intendance de l'artillerie et la direction des approvisionnements. Lorsque la guerre eut été déclarée à la maison d'Autriche (1635), il fut nommé chef des conseils du roi en l'armée navale et directeur général du matériel de l'armée, puis commandant de la flotte de la Méditerranée, et déploya dans ses fonctions une grande capacité. Il fit une expédition en Sardaigne, reprit en mai 1637 les îles de Lérins sur les Espagnols, qu'il contribua à chasser du Languedoc, et dont, en août 1638, il détruisit complétement une flotte dans la rade de Gattari. Mais un échec qu'il éprouva, en août 1641, devant Tarragone et qui amena la levée du siége de cette place, fut le prétexte d'une disgrâce

complète; la mort de Richelieu mit seule fin à une instruction crimi-
nelle dirigée contre lui.

C'est à la période pendant laquelle l'archevêque de Bordeaux com-
manda notre flotte dans la Méditerranée que sont consacrés les trois
volumes imprimés, en 1839, par les soins du Comité. Ils contiennent
environ 900 pièces, presque toutes tirées d'une collection qu'on a
quelquefois désignée comme une suite des manuscrits de Dupuy, et
qui est conservée à la Bibliothèque nationale sous les numéros 6367-
6416 du fonds français. La première est de janvier 1636, la dernière
est de novembre 1642. On trouve dans ce recueil des lettres de
Louis XIII, de Richelieu, de Sourdis, du duc de Savoie, du comte
d'Harcourt, de Des Noyers, de Sabran et autres; de nombreuses relations de divers événements de la guerre, des dépêches diplomatiques,
des enquêtes sur l'état de nos côtes, et des mémoires fort instructifs
sur le personnel, le matériel et l'administration de nos flottes. C'est
une publication fort précieuse pour l'histoire de la marine française au
temps de Louis XIII, histoire sur laquelle on ne possédait jusqu'alors
que peu de renseignements.

XLII

Lettres du cardinal Mazarin peudant son ministère, recueillies et publiées par M. A. Chéruel.
Tome I, 1872.

Onze volumes de la Collection des documents inédits se rapportent
au règne de Louis XIII. Celui de Louis XIV n'en compte pas moins de
vingt-trois, répartis entre six ouvrages.

Le premier, la Correspondance du cardinal Mazarin, était en quelque sorte appelé par l'édition des lettres de Henri IV et de celles de
Richelieu. Rarement on a pu dire avec autant de justesse qu'une correspondance devait être rangée parmi les plus précieux instruments
de l'histoire; seulement, ici, comme le fait remarquer le judicieux éditeur, la biographie du personnage est d'une importance secondaire;
l'intérêt s'attache surtout aux actes du ministre, qui, bien qu'étranger,

eut une politique vraiment française. On ne trouvera donc dans le recueil de M. Chéruel que les lettres écrites pendant le ministère du cardinal, qui dura dix-neuf ans, de 1642 à 1661.

Un seul volume a vu le jour : il comprend la période comprise entre le mois de décembre 1642 et le mois de juin 1644. Dans l'introduction, M. Chéruel a présenté un résumé général des affaires de l'Europe, et surtout de la dernière partie de la guerre de Trente ans, tableau nécessaire à l'intelligence des lettres de Mazarin.

XLIII

JOURNAL D'OLIVIER LE FÈVRE D'ORMESSON et extraits des Mémoires d'André Le Fèvre d'Ormesson, publiés par M. Chéruel, 1860, 2 vol.

C'est aussi à M. Chéruel que nous devons l'édition du Journal d'Olivier Le Fèvre d'Ormesson, dont il a trouvé le manuscrit autographe à la bibliothèque de Rouen.

Olivier Le Fèvre d'Ormesson fut d'abord maître des requêtes, puis intendant de la généralité de Paris. Son journal se divise en deux parties : la première, à laquelle se rattachent les extraits des Mémoires de son père, André d'Ormesson, embrasse les commencements de la régence d'Anne d'Autriche et du ministère de Mazarin (1643-1650); la seconde, qui s'étend de 1661 à 1672, traite principalement du ministère et du procès de Nicolas Fouquet, et de l'administration de Louis XIV pendant les premières années de son pouvoir personnel.

L'éditeur a pris soin de compléter, à l'aide d'emprunts faits à d'autres mémoires contemporains, pour la plupart inédits, cet intéressant journal, auquel sa forme, rigoureusement chronologique, communique quelque sécheresse et une certaine étroitesse de vues, mais en même temps un degré de précision et d'impartiale exactitude qu'on chercherait inutilement dans les autres documents de la même époque.

Ces mémoires retracent très-fidèlement les séances du Conseil d'État; ils font assez bien connaître les anciennes institutions de la

France, ou du moins ce qu'on en pensait à cette époque ; les prédicateurs, les avocats y sont passés en revue ; représentations théâtrales, procès célèbres, entrées royales, anecdotes scandaleuses, tout ce qui intéresse la cour et la ville est indistinctement recueilli par ce chroniqueur sincère et bien renseigné.

XLIV

MÉMOIRES DE NICOLAS-JOSEPH FOUCAULT, publiés et annotés par F. Baudry, 1862.

La Collection des documents renferme les mémoires d'un autre intendant du règne de Louis XIV, ceux de Nicolas-Joseph Foucault, dont le nom est connu à la fois dans l'histoire administrative et dans l'histoire littéraire ; il encouragea, en effet, les recherches des savants et se créa un magnifique cabinet de livres, de manuscrits et d'antiquités. C'est, suivant toute apparence, sur la fin de sa vie que Foucault a écrit ses mémoires, qui s'étendent de l'année 1641 à l'année 1718, et dont la Bibliothèque nationale possède le manuscrit original. Ils ont principalement pour objet le récit de sa longue carrière d'intendant. Il en avait rempli les fonctions pendant trente-deux années consécutives, d'abord à Montauban, ensuite à Poitiers, puis à Pau et enfin à Caen. A Montauban il avait été l'homme de Colbert et avait pris une grande part à l'importante affaire de la régale ; à Pau, saisi de la triste ambition d'imiter M. de Marillac, intendant de Poitou, il a eu la malheureuse idée de demander à Louvois, le 18 avril 1665, des « ordres en blanc pour faire loger une ou deux compagnies dans les villes remplies de religionnaires, » afin de déterminer des conversions, et, à partir de ce moment, il ne s'occupe plus d'autre chose, et ses mémoires sont remplis de détails affligeants sur les conséquences de ce malencontreux expédient ; à Poitiers, les conversions l'absorbent encore presque tout entier ; à Caen, il revient enfin à l'administration.

Ces mémoires nous font bien connaître les rapports si nombreux et si multiples des intendants avec le gouvernement central ; ils nous initient à toutes les attributions de ces fonctionnaires et au rôle important qu'ils jouent dans l'administration. De plus, pendant le séjour de Foucault à Caen, il survient le long de nos côtes des événements très-importants pour l'histoire générale, dont il a soin d'informer ses lecteurs dans le détail ; pour n'en donner qu'un exemple, on trouve à sa date une « Relation de ce qui s'est passé à la Hougue, au brûlement de nos vaisseaux, les 1er et 2 juin 1692. »

XLV

Correspondance administrative sous le règne de Louis XIV, entre le cabinet du roi, les secrétaires d'État, le chancelier de France et les intendants et gouverneurs des provinces, les présidents, procureurs et avocats généraux des parlements et autres cours de justice, le gouverneur de la Bastille, les évêques, les corps municipaux, etc. recueillie et mise en ordre par G. B. Depping : Tome I. États provinciaux, affaires municipales et communales. — Tome II. Administration de la justice, police, galères. — Tome III. Affaires de finances, commerce, industrie. — Tome IV et dernier. Travaux publics, affaires religieuses, protestants, sciences, lettres et arts, pièces diverses. Publié par Guillaume Depping fils, 1850-1855, 4 vol. (Ouvrage presque épuisé.)

Quel que soit l'intérêt des mémoires de Le Fèvre d'Ormesson et de Foucault pour l'histoire administrative, ils ne sauraient cependant tenir lieu des correspondances officielles dans lesquelles on saisit sur le vif les qualités et les défauts d'institutions qui, pour être déjà loin de nous, ont en partie survécu à nos révolutions. M. Depping fut donc heureusement inspiré quand il conçut le projet de choisir, dans les volumineuses collections de la Bibliothèque nationale, des Archives nationales et du Ministère de la marine, les lettres qui pouvaient donner une idée exacte de l'administration au temps de Louis XIV. Dans le recueil de 1,927 lettres qu'il nous a donné, tout est relatif à l'administration purement civile : la diplomatie et la guerre ont été laissées de côté ; la marine militaire a de même été réservée, mais la marine marchande et les galères, considérées comme punition, y ont trouvé place. Les pièces sont distribuées par matière dans chaque volume ainsi qu'il suit :

Tome I. 1° *Assemblées des états provinciaux.* Les pays d'états comprennent : le Languedoc, la Provence, la Bourgogne avec la Bresse, la Bretagne, l'Artois et quelques petites contrées de la Guyenne ou plutôt des Pyrénées (Bigorre, Foix, Conserans, Comminges, Nebouzan). On trouve d'abord, pour chacun de ces pays, un exposé sur la composition, l'organisation et les fonctions des états, ensuite les diverses pièces relatives aux séances. La principale affaire est partout d'obtenir le vote du don gratuit, pour lequel on se livre à d'interminables négociations, sans négliger les promesses et les menaces. Ce don gratuit ne montait cependant, vers le milieu du règne de Louis XIV, qu'à environ six millions, et vers la fin, à quelques millions de plus. 2° *Municipalités.* Cette section comprend tout ce qui est relatif à l'élection des fonctionnaires municipaux, à l'influence du gouvernement sur la formation de ces magistratures locales, à leurs attributions, à l'exercice et aux abus de leur pouvoir.

Tome II. 1° *Administration de la justice.* On trouve ici tout ce qui concerne les parlements et les autres corps judiciaires. On y remarque, entre autres documents précieux pour l'histoire anecdotique et la biographie, des notes secrètes envoyées à Colbert sur le personnel de toutes les cours du royaume. Les questions de préséance entre les différents corps occupent une grande place dans cette section. 2° *Police.* Cette division renferme des matières extrêmement variées. Elle abonde en documents sur la Bastille, les libelles, les chansons, les jeux, les saltimbanques, le droit d'asile au Temple, dans l'enclos de l'abbaye Saint-Germain, à l'hôtel de Soissons, et dans les châteaux royaux; l'envoi aux colonies de filles tirées de l'hôpital général. 3° *Galères.* Ce titre comprend, outre ce qui est relatif à leur administration, tout ce qui touche à leur recrutement. Le manque de galériens amenait à commuer la peine de mort en celle des galères à perpétuité, puis, par un procédé bien différent, on retenait souvent pendant toute leur vie des malheureux dont la peine avait été limitée à quelques années. Des Turcs, achetés aux marchands d'esclaves, complétaient le nombre d'hommes nécessaire et comblaient les vides produits par une effroyable mortalité. Souvent des coupables aisés étaient admis à fournir à l'État des Turcs pour les remplacer.

Tome III. 1° *Finances*. On y remarque ce qui est relatif aux gabelles, aux exemptions de taille, aux libéralités envers les princes étrangers, aux nouvelles charges vénales créées pour les besoins du Trésor. 2° *Commerce*, comprenant les traités, la compagnie des Indes, les exportations. 3° *Industrie*, comprenant les pièces relatives aux manufactures de draps, de dentelles, de soieries, de glaces, la concession des brevets d'invention ; tout ce qui touche l'agriculture, comme les haras, les vignobles, les plantations d'orangers.

Tome IV. 1° *Travaux publics*. Cette section, assez peu étendue, indique cependant le commencement de deux grandes entreprises : le canal de Languedoc et le canal de Bourgogne. 2° *Affaires religieuses et ecclésiastiques*. Les libertés de l'Église gallicane, le quiétisme, le jansénisme, le protestantisme et surtout les suites de la révocation de l'édit de Nantes, forment les matières principales de cette division. 3° *Sciences, arts et lettres*, comprenant les acquisitions ·d'objets d'art, l'administration de l'école française de Rome et quelques autres matières moins importantes. 4° *Lettres diverses*. Cette section est une sorte de supplément : elle contient des lettres isolées qui n'ont pu trouver leur place dans les divisions précédentes.

Une table générale, qui a été promise, mais qui, jusqu'ici, n'a point paru, augmenterait encore l'utilité de ce recueil, qui a rendu de grands services et qui en rend encore tous les jours, même après la publication des grandes collections que le Ministère des finances a chargé M. Pierre Clément et M. Arthur de Boislisle de composer sur l'administration de Colbert et sur celle des contrôleurs généraux.

XLVI

NÉGOCIATIONS RELATIVES À LA SUCCESSION D'ESPAGNE SOUS LOUIS XIV, ou Correspondances, mémoires et actes diplomatiques concernant les prétentions et l'avénement de la maison de Bourbon au trône d'Espagne, accompagnés d'un texte historique et précédés d'une introduction par M. Mignet. Tomes I-IV, 1835-1842, 4 vol. (Ouvrage épuisé.)

Les Négociations relatives à la succession d'Espagne sous Louis XIV, par M. Mignet, sont une des premières publications faites sous les auspices du Comité des travaux historiques. Elles consistent en quatre volumes, pour la rédaction desquels les correspondances et les actes diplomatiques des archives du Ministère des affaires étrangères ont été surtout mis à contribution. L'éditeur y a fait entrer le résultat de ses recherches dans d'autres dépôts publics. L'éminent historien n'a pas jugé à propos de mettre simplement les uns à la suite des autres, selon leurs dates, les nombreux documents qu'il avait rassemblés; il a séparé les négociations d'après leur nature, et les a traitées d'après leur importance. Il n'a pas cru nécessaire de publier le texte entier de tous les documents. Faisant un choix judicieux des pièces, n'en omettant aucune d'essentielle et résumant celles dont il ne reproduisait pas la teneur, il les a distribuées dans un ordre méthodique, et leur a donné, autant qu'il était possible, la forme d'un récit suivi, dont la lecture est toujours attachante. Ce plan devrait être cité comme le meilleur modèle s'il ne demandait pas, pour être suivi, la critique et le goût dont M. Mignet est doué à un si haut degré. L'introduction du premier volume est un morceau historique de premier ordre. Malheureusement, l'ouvrage est incomplet; il s'arrête au traité de Nimègue. Espérons que M. Mignet, qui a dans ses portefeuilles tous les éléments du travail, ne laissera pas inachevée une grande composition que lui seul peut mener à bonne fin.

XLVII

MÉMOIRES MILITAIRES RELATIFS À LA SUCCESSION D'ESPAGNE SOUS LOUIS XIV, extraits de la correspondance de la cour et des généraux, par le lieutenant général de Vault, directeur du Dépôt de la guerre, mort en 1790, revus et publiés et précédés d'une introduction, par le lieutenant général Pelet. 1835-1862, 11 vol. et atlas in-fol. (Ouvrage épuisé.)

Les opérations militaires de la guerre de la succession d'Espagne, depuis l'année 1701 jusqu'à l'année 1712, sont l'objet d'un immense travail qui a été exécuté au dernier siècle, d'après les correspondances et les pièces officielles, par les soins du lieutenant général de Vault, directeur du Dépôt de la guerre, mort en 1790. Le général Pelet n'a guère eu qu'à revoir les Mémoires dressés par son prédécesseur pour fixer les moindres détails des campagnes dès armées françaises pendant les douze premières années du xviiie siècle. Toutes les cartes, tous les plans nécessaires pour l'intelligence des opérations ont été gravés, et concourent à faire de ces Mémoires l'un des plus beaux livres d'histoire militaire, comme le recueil de M. Mignet est un chef-d'œuvre d'histoire diplomatique.

XLVIII

L'ESCLARCISSEMENT DE LA LANGUE FRANÇOYSE, par Jehan Palsgrave, suivi de la Grammaire de Giles du Guez, publiés pour la première fois en France par F. Génin, 1852.

Nous sommes arrivés à la limite chronologique que le Comité n'a point cru devoir dépasser jusqu'à ce jour; mais il nous reste à rappeler plusieurs publications qui se rattachent moins à l'histoire proprement dite qu'à la philologie et à l'histoire littéraire de la France.

La première a pour objet la plus ancienne grammaire française qui nous soit parvenue. Cette grammaire a été composée par un Anglais, Jean Palsgrave, et imprimée à Londres en 1530, sous le titre de « L'Esclarcissement de la langue françoyse. » Un seul exemplaire en subsistait en France, dans la bibliothèque Mazarine. Il importait de répandre la connaissance d'un livre qui est à la fois une grammaire dressée sur un plan méthodique et un ample répertoire des mots et des locutions de notre langue avant la tentative de rénovation savante qui l'a si profondément agitée dans la seconde moitié du xvie siècle. Aussi le Comité n'hésita pas en 1849 à considérer comme inédit un ouvrage qui, bien qu'imprimé, était infiniment plus rare que beaucoup d'ouvrages restés à l'état de manuscrits. M. Génin, chargé de donner une édition française de la Grammaire de Palsgrave, y a joint le texte d'une autre Grammaire rédigée, vers la même époque, par un Anglais, Giles du Guez, qui était chargé d'apprendre le français à la princesse Marie, fille de Henri VIII.

XLIX

Les quatre livres des Rois, traduits en français du xii° siècle, suivis d'un fragment de
moralités sur Job et d'un choix de sermons de saint Bernard, publiés par M. Le Roux de
Lincy, 1841.

La publication des plus anciens textes, avec des glossaires fort exacts
et fort détaillés, a singulièrement favorisé les progrès de la philologie
française. Le Comité ne s'est pas borné à faire imprimer des ouvrages
qui sont à la fois, comme la Chronique des ducs de Normandie, des
documents historiques et des textes de langue : il s'est occupé d'anciennes traductions, dépourvues d'intérêt historique, mais que les
philologues étudient avec la plus entière confiance, parce que les passages douteux peuvent toujours être rapprochés du texte latin correspondant. Tel est le caractère du volume publié, en 1841, par M. Le
Roux de Lincy.

L'ancienne traduction des livres des Rois, qui en occupe la plus
grande partie, nous a été conservée par un magnifique manuscrit du
xii° siècle, déposé à la bibliothèque Mazarine. C'est le monument le
plus important de l'ancienne prose française. Notre langue compte peu
de textes en prose d'une plus grande ancienneté; elle n'en a aucun
qui se recommande par un égal mérite de style. La traduction est en
effet assez libre, et manifeste une richesse d'expression, une souplesse
de tours qu'on rencontrerait à peine dans les compositions originales
du même temps ou du siècle suivant. A la suite des livres des Rois,
M. Le Roux de Lincy a donné une ancienne traduction des Commentaires de saint Grégoire le Grand sur le livre de Job, et des extraits
d'un manuscrit depuis longtemps célèbre, qui contient un certain
nombre de sermons de saint Bernard, traduits en français à la fin du
xii° siècle. Ces deux textes offrent les caractères du dialecte wallon, et
sont probablement les plus anciens de ce dialecte. L'introduction de
M. Le Roux de Lincy contient de précieuses indications sur l'histoire
des anciennes traductions françaises de la Bible.

L

LE LIVRE DES PSAUMES DE CAMBRIDGE, publié par M. Francisque Michel. *Sous presse.*

Les raisons qui ont déterminé le Comité à comprendre dans la Collection des documents les quatre livres des Rois lui ont fait accueillir favorablement un projet de M. Francisque Michel tendant à publier une ancienne traduction du Psautier, dont il existe deux manuscrits : l'un du milieu du xiie siècle, au collége de la Trinité, à Cambridge; l'autre, un peu moins ancien, à la Bibliothèque nationale à Paris (ms. latin 8846). C'est le texte du premier que reproduit M. Francisque Michel : les variantes du second sont données en note. Cette traduction est extrêmement littérale. Si elle ne peut rendre à l'étude de la syntaxe les mêmes services que l'ancienne traduction des Rois, elle sert du moins à déterminer le sens d'un grand nombre de mots. Elle sera, dans l'édition, suivie d'un glossaire-index qui servira beaucoup à la lexicographie française.

LI

OUVRAGES INÉDITS D'ABÉLARD, pour servir à l'histoire de la philosophie scolastique en France, publiés par M. Victor Cousin, 1836. (Ouvrage épuisé.)

Les ouvrages inédits d'Abélard, publiés en 1836 par M. Victor Cousin, forment un seul volume comprenant des extraits de la composition singulière que le célèbre philosophe du xiie siècle avait intitulée : *Sic et non*, et la suite de ses commentaires sur l'*Organon* d'Aristote. Le volume s'ouvre par une introduction dans laquelle l'éditeur a raconté les commencements de la philosophie scolastique, et analysé la doctrine d'Abélard; il se termine par un appendice où sont contenues des notices sur un certain nombre d'ouvrages manuscrits et sur les auteurs à qui on les attribue. Les premiers éditeurs d'Abélard n'avaient réuni que ceux de ses ouvrages qui avaient trait à la théologie; ils avaient négligé ses écrits philosophiques, et dès lors ils n'avaient pu se rendre compte du rôle qu'il avait joué dans le mouvement des écoles de la première moitié du xIIᵉ siècle. La publication confiée aux soins de M. Victor Cousin a comblé une lacune regrettable dans l'histoire de la philosophie en France au moyen âge.

LII

Lɪ LIVRES DOU TRESOR, par Brunetto Latini, publié pour la première fois d'après les manuscrits de la Bibliothèque impériale, de la bibliothèque de l'Arsenal et plusieurs manuscrits des départements et de l'étranger, par P. Chabaille, 1863.

La philosophie peut aussi bien que la philologie réclamer le Trésor de Brunetto Latini, l'un des premiers ouvrages qui aient attiré l'attention du Comité. Dès l'année 1835, on songeait à entreprendre une édition de ce livre, qui offre un vif intérêt pour nous, non-seulement par le fond, mais encore et surtout par la langue. Bien qu'il fût né à Florence et qu'il y ait passé la meilleure partie de sa vie, Brunetto a écrit son livre en français, parce que, pour nous servir de ses célèbres expressions, « la parleure en est plus délitable et plus commune à toutes gens. » Notre langue nationale sert ainsi, sous la plume d'un étranger, à l'exposition encyclopédique et populaire des connaissances de toute sorte qui étaient répandues au xIIIᵉ siècle, et qui se sont peu modifiées au siècle suivant. Dans un autre genre que le Miroir de Vincent de Beauvais, le Trésor de Brunetto Latini est le tableau fidèle et complet de l'état des sciences au moyen âge. Quelle que fût l'importance de l'ouvrage, la publication n'en a été terminée qu'en 1863. Ces retards ont tenu les uns, au changement de l'éditeur, les autres aux difficultés que présentait la collation d'un grand nombre de manuscrits, tâche ingrate, dont M. Chabaille s'est acquitté avec une louable patience.

LIII

Documents historiques inédits, tirés des collections manuscrites de la Bibliothèque royale et des archives ou des bibliothèques des départements, publiés par M. Champollion-Figeac. Tomes I-IV, 1841-1848.—Tables chronologique et alphabétique de ces quatre volumes, 1874.(Ouvrage presque épuisé.)

Souvent le Comité a reçu des communications qui portaient sur des documents précieux, mais trop peu étendus pour fournir la matière d'un volume. En vue des communications de ce genre, il a publié des volumes de Mélanges, à la composition desquels les correspondants du Ministère ont apporté le concours le plus actif.

Une première série de Mélanges, en quatre volumes, a paru de 1841 à 1848 sous la direction de M. Champollion-Figeac. Elle contient : 1° une série de rapports sur différentes bibliothèques ou archives et quelquefois des notices détaillées sur des manuscrits importants; 2° une série de documents inédits, beaucoup tirés des collections de la Bibliothèque royale, dont M. Guizot avait prescrit le dépouillement méthodique; les autres, des dépôts explorés en province, ou même à l'étranger, par les collaborateurs qui, de tous les points de la France, s'empressaient de venir en aide au Comité. Une simple énumération de tous ces rapports, de tous ces documents, dépasserait les limites dans lesquelles nous tenons à nous renfermer. Rappelons seulement que toutes les périodes de notre histoire sont représentées dans les quatre volumes de Mélanges, et qu'à chaque pas on y rencontre des pièces d'une importance capitale, comme : un capitulaire de Charlemagne; les contrats passés entre les Génois et les agents de saint Louis pour le transport des croisés; les traités conclus entre les rois chrétiens de Majorque et les rois maures d'Afrique; une collection de 139 documents relatifs à la guerre du Bien public, en 1465; les délibérations de la Commission consultative sur le fait du commerce général et de l'établissement des manufactures dans le royaume, instituée en 1601 par Henri IV; les correspondances de Colbert avec Louis XIV et le cardinal Mazarin; les textes en langue vulgaire du xie siècle découverts dans un glossaire de la bibliothèque de Clermont-Ferrand.

Une table sommaire, qui vient d'être mise en distribution, permet de retrouver, soit par les dates, soit par les noms de personnes, de lieux ou de matières, les renseignements de tout genre disséminés dans les quatre volumes de la première série des Mélanges,

LIV

Mélanges historiques. (Nouvelles séries.) Choix de documents. Tome I. Vie de saint Bertin en vers. Vie et office de saint Dié. Définitions du chapitre de Cluny en 1323. Lettres de Jean de Witt. Lettres de Balzac. 1873.

Le volume par lequel le Comité a inauguré la nouvelle série des Mélanges ne renferme que cinq morceaux; mais chacun de ces cinq morceaux a son utilité pour l'histoire politique, religieuse ou littéraire de la France. A M. Morand de Boulogne, nous devons une Vie de saint Bertin, qui nous a révélé le secret d'un mode de versification fort prisé au xiie siècle, et les Définitions du chapitre de Cluny en 1323, qui constatent l'état d'un grand nombre de maisons de l'ordre de Cluny à cette époque. M. Dupré, de Blois, a communiqué la Vie et l'office de saint Dié, morceau liturgique et hagiographique que les Bollandistes n'auraient pas dédaigné. M. François Combes a recueilli en Hollande les lettres françaises du grand pensionnaire Jean de Witt. Enfin, M. Tamizey de Larroque a annoté une curieuse correspondance littéraire du xviie siècle qui était restée inédite, celle de Jean-Louis Guez de Balzac.

LV

Éléments de paléographie, par M. Natalis de Wailly, 1838, 2 vol.
(Ouvrage presque épuisé.)

Spécialement institué pour publier des textes historiques, le Comité n'a pas cru manquer à sa mission en provoquant la rédaction d'un livre à la fois savant et élémentaire, à l'aide duquel on apprend à lire et à critiquer les manuscrits et les chartes du moyen âge. Tels sont les

Éléments de paléographie, dans lesquels M. de Wailly a résumé avec beaucoup de clarté et souvent complété avec une grande sûreté de science le *De re diplomatica* de Mabillon et le Nouveau traité de diplomatique.

LVI

DICTIONNAIRE TOPOGRAPHIQUE DE LA FRANCE, comprenant les noms de lieux anciens et modernes : *Aisne*, par M. Matton, 1871 ; — *Dordogne*, par M. le vicomte de Gourgues, 1873 ; — *Eure-et-Loir*, par M. Merlet, 1861 ; — *Gard*, par M. Germer Durand, 1868 ; — *Hérault*, par M. Thomas, 1865 ; — *Meurthe*, par M. Lepage, 1862 ; — *Meuse*, par M. Liénard, 1872 ; — *Morbihan*, par M. Rosenzweig, 1870 ; — *Nièvre*, par M. de Soultrait, 1865 ; — *Basses-Pyrénées*, par M. Raymond, 1863 ; — *Haut-Rhin*, par M. Stoffel, 1868 ; — *Yonne*, par M. Quantin, 1862.

A partir de l'année 1858, la section d'histoire du Comité a été chargée de préparer un Dictionnaire topographique de la France. Avec les ressources dont elle dispose, elle n'a pas cru possible d'aborder directement la composition d'un dictionnaire général, embrassant dans une seule série alphabétique les noms fournis par la géographie de la France entière. S'arrêtant à un plan beaucoup plus modeste, mais d'une exécution possible ; elle a décidé que chaque département serait l'objet d'un dictionnaire particulier, comprenant : 1° une introduction, dans laquelle l'auteur fait sommairement la description physique du département et passe en revue les anciennes circonscriptions auxquelles il répond ; 2° une liste des documents employés pour rechercher les anciens noms ; 3° une nomenclature très-détaillée des noms de géographie physique (montagnes, rivières, forêts, etc.), des noms de lieux habités et des noms se rapportant à la géographie historique ; dans cette nomenclature, chaque nom moderne est mis en regard des formes anciennes, dont on a pu rassembler des exemples depuis l'époque gauloise jusqu'à l'époque contemporaine ; 4° une liste des noms anciens, avec renvoi aux formes modernes correspondantes. Les explications étymologiques ont été sévèrement proscrites ; mais le simple tableau des dénominations par lesquelles ont été désignées les parcelles du territoire permet de faire les rapprochements les plus instructifs sur les traces que les différents idiomes ont laissées dans la nomenclature géographique de la France. On y voit, pour ainsi dire, l'acte de naissance de chacune de nos communes, de chacun de nos hameaux, et souvent même de nos domaines. Les variations qu'a subies le nom d'un lieu accusent déjà les lignes principales de l'histoire de ce lieu, et font parfois toucher du doigt des monstruosités orthographiques que l'usage administratif semble avoir consacrées, mais contre lesquelles la science et le bon sens ne se lasseront pas de protester.

Le plan adopté par le Comité demande dans chaque département plusieurs années de recherches délicates et pénibles ; mais, quelle que fût la longueur et l'aridité du travail, il s'est trouvé bon nombre de savants qui se sont mis résolûment à l'œuvre avec une patience exemplaire et une critique scrupuleuse. Grâce à leur dévouement, qu'on ne saurait trop admirer, nous avons terminé le Dictionnaire des douze départements dont voici la liste avec le nom des auteurs :

Aisne, par M. Matton.

Dordogne, par M. le vicomte de Gourgues.

Eure-et-Loir, par M. Merlet.

Gard, par M. Germer Durand.

Hérault, par M. Thomas.

Meurthe, par M. Lepage.

Meuse, par M. Liénard.

Morbihan, par M. Rosenzweig.

Nièvre, par M. de Soultrait.

Basses-Pyrénées, par M. Raymond.

Haut-Rhin, par M. Stoffel.

Yonne, par M. Quantin.

Trois autres Dictionnaires sont sous presse : ceux de l'*Aube,* par MM. Socard et Boutiot ; de l'*Eure,* par M. le marquis de Blosseville, et de la *Moselle,* par M. de Bouteiller. Quatre sont à la veille d'être soumis à l'approbation définitive du Comité : ceux du *Finistère,* par M. Lemen ; de la *Marne,* par M. Longnon ; de la *Seine-Inférieure,* par M. Ch. de Beaurepaire, et de la *Vienne,* par M. Redet.

LVII

Il resterait à signaler la publication qui fait peut-être le mieux connaître la marche ininterrompue des travaux du Comité, depuis son origine jusqu'en 1874, et qui, sous des titres divers, est, à proprement parler, notre journal officiel. Mais il n'y a pas moyen d'analyser en détail un recueil de quarante-quatre volumes, où les morceaux dignes d'attention se compteraient par milliers. Là sont les procès-verbaux des séances mensuelles, dans lesquelles les membres du Comité discutent les projets de publication, examinent les documents communiqués par les correspondants du Ministère, et les travaux historiques, philologiques et littéraires de presque toutes les Sociétés savantes des départements. A la suite des procès-verbaux se trouvent textuellement les rapports lus dans les séances et les documents qui ont été jugés dignes de la publication[1].

---

[1] Pour l'historique des travaux du Comité, il faut consulter, outre les Bulletins et la Revue des Sociétés savantes, les *Rapports au roi et pièces* (1835, in-4° de 87 pages), les *Rapports au ministre* (1839, in-4° de 369 pages) et le *Rapport au roi sur l'état des travaux exécutés depuis 1835 jusqu'en 1847 pour le Recueil et la publication des documents inédits relatifs à l'histoire de France* (1847, in-8° de 22 pages).

LVIII

Mémoires lus à la Sorbonne, dans les séances extraordinaires du Comité impérial des travaux historiques et des Sociétés savantes. Histoire, philologie et sciences morales. Années 1861, 1863, 1864, 1865, 1866, 1867, 1868, 7 vol. in-8°. (Ouvrage presque épuisé.)

C'est à partir de l'année 1858 que le Comité s'est mis plus intimement et plus régulièrement en rapport avec les Sociétés savantes des départements. Les liens se sont encore resserrés depuis que s'est introduit l'usage de tenir chaque année à Paris, dans les salles de la Sorbonne, des séances extraordinaires où les correspondants du Ministère et les membres des Sociétés savantes viennent communiquer leurs découvertes, lire des mémoires d'un intérêt général, et recevoir les encouragements et les récompenses auxquels donnent droit les travaux les plus méritants.

Pendant plusieurs années, la section d'histoire a voté l'impression d'un choix des lectures qu'elle avait entendues dans les réunions de la Sorbonne. Si elle y a renoncé depuis 1869, c'est qu'elle a reconnu qu'il était difficile de faire des choix équitables, et qu'au lieu de s'imposer des sacrifices considérables pour l'impression de mémoires dont les auteurs ne tardaient pas à donner dans les recueils provinciaux de nouvelles éditions, souvent améliorées, il valait mieux réserver les ressources du budget pour la publication de documents inédits.

Tels sont, en résumé, Monsieur le Ministre, les travaux d'histoire et de philologie que, durant une période d'environ quarante ans, le Comité, secondé par le bureau des travaux historiques, a pu mener à bonne fin. Sans compter 12 volumes in-4° de Dictionnaires topographiques, ni 52 volumes in-8° de Procès-verbaux, Bulletins, Revues ou Mémoires divers, c'est une collection de 176 volumes in-4° de documents jusqu'alors inédits qui est venue s'ajouter au trésor historique de la France, et à l'aide de laquelle nous pouvons pénétrer plus avant que nos devanciers dans les annales de la patrie. Est-il, en effet, une époque, une province ou une institution dont l'histoire n'ait été éclaircie par les consciencieuses recherches de savants qui ont collaboré à l'œuvre éminemment nationale inaugurée en 1834 et continuée sans interruption jusqu'à nos jours ?

Ce n'est cependant pas seulement d'après le nombre des volumes de la Collection des documents inédits qu'il faudrait apprécier les services du Comité. Par les exemples, les conseils et les instructions qu'il a donnés, par les encouragements qu'il a été chargé de distribuer, il a développé le goût des recherches et propagé l'emploi des bonnes méthodes. Aussi voyons-nous de tous côtés les départements, les communes, les sociétés savantes et les simples particuliers rivaliser de zèle pour mettre en lumière les chartes, les comptes, les registres de tout genre, les correspondances, les chroniques et les mémoires que renferment encore en si grande abondance nos archives et nos bibliothèques.

C'est aussi du Comité qu'est venue l'impulsion donnée aux travaux sur les anciens dialectes et sur les patois. C'est lui qui a fait entrer dans une voie nouvelle l'étude critique et comparative des chants populaires, et s'il ne lui a pas encore été donné de mettre au jour le recueil général prescrit par un décret du 13 septembre 1852, il a du moins pu constater l'heureuse influence des instructions que M. Ampère rédigea en son nom, et que plusieurs savants ont prises pour guide dans la recherche et l'édition des chants populaires de certaines provinces.

Il faut s'applaudir de tels résultats, mais sans oublier que la tâche est loin d'être accomplie. Le champ que nous avons à parcourir est immense, et chaque jour les limites paraissen ts'en élargir. Heureusement les ouvriers ne font pas défaut, et dans ces dernières années le Comité a examiné et approuvé un si grand nombre de projets que d'ici longtemps tous ne pourront pas être mis sous presse. Permettez-moi, Monsieur le Ministre, d'énumérer les plus importants, en suivant l'ordre des matières et des dates.

Une édition complète des œuvres de Chrestien de Troyes, l'un des trouvères les plus illustres du xIIᵉ siècle, a été proposée par M. Michelant, qui en a de longue date rassemblé tous les matériaux. Ce travail serait d'autant plus opportun, que la publication de nos anciens textes poétiques, naguère poussée si activement par M. Guessard, semble subir un temps d'arrêt. Il serait cependant honteux de laisser aux étrangers le soin de mettre en lumière les monuments d'une littérature qui est une des gloires françaises les moins contestables et les moins contestées.

C'est aussi notre devoir de préparer les éléments du Dictionnaire auquel a droit la langue française du moyen âge. Nous avons donc applaudi au projet que M. Gaston Paris a conçu de recueillir et de coordonner les glossaires latins-français et français-latins que le moyen âge nous a laissés et dont on ne pourra guère se servir tant qu'ils resteront à l'état manuscrit.

A plusieurs reprises, le Comité a insisté sur la nécessité de publier les plus anciennes chartes françaises de chacune de nos provinces. Les origines et les caractères des dialectes locaux ne sauraient être bien appréciés qu'à l'aide de textes dont la date et la provenance ne sont l'objet d'aucun doute, et les dernières éditions de Joinville et de Villehardouin ont montré combien les chartes sont utiles pour ramener à sa pureté première la langue des plus grands prosateurs du moyen âge. De tous nos anciens dialectes, l'un des plus curieux à étudier est celui du pays messin, parce que nulle part ailleurs les documents ne sont plus anciens et plus abondants : à Metz les actes français apparaissent dès la fin du xIIᵉ siècle, tandis qu'à Paris on en trouve à peine quelques-uns avant le milieu du siècle suivant. Nous avons donc hâte de pouvoir mettre sous presse le volume dans lequel M. Bonnardot compte publier 700 chartes françaises de la ville de Metz. Ce travail, dont le premier germe a été jugé digne d'une médaille en 1867, offrira le double avantage de faire connaître la langue parlée à Metz pendant tout le moyen âge, et de compléter les notions déjà très-étendues que nous avons sur les institutions de la république messine.

Le plus ancien récit détaillé que nous possédions jusqu'à présent de la croisade de Philippe-Auguste et de Richard Cœur de Lion était une chronique rédigée en latin par Richard, prieur ou chanoine de la Trinité de Londres. Mais il vient d'être établi que la chronique latine est simplement la traduction d'un poëme français, en vers octosyllabiques, composé par un certain Ambroise, qui devait faire partie de la suite de Richard Cœur de Lion. Le poëme français devient ainsi la chronique originale de la troisième croisade. M. Gabriel Monod et M. Gaston Paris sont les premiers érudits qui en aient apprécié la valeur. L'édition qu'ils en ont préparée figurera avec honneur dans la Collection des documents inédits.

Dans un livre couronné par l'Institut, notre collègue, M. Boutaric, a montré que l'administration de saint Louis, jusque dans les moindres détails, avait servi de modèle à l'administration de son frère Alphonse. Les actes de cette dernière administration, qui nous ont été conservés, peuvent donc suppléer à la perte des actes de l'administration royale. C'est dans cette pensée que M. Boutaric en a préparé une édition, qui est impatiemment attendue. En effet, la correspondance administrative d'Alphonse nous fera assister aux origines de la centralisation administrative, et enrichira de documents tout à fait nouveaux l'histoire du Poitou, de la Saintonge, de l'Agenais, du Querci, du Toulousain, de l'Albigeois, du Rouergue et du comtat Venaissin.

Les Rôles gascons et français, déposés dans le Public Records Office à Londres, et qui vont du XIIIᵉ au XVᵉ siècle, sont pour la Guyenne et les autres provinces françaises soumises à la domination des rois d'Angleterre une source inépuisable d'informations. La table qu'en a publiée Thomas Carte et les extraits que Bréquigny en a rapportés en France satisfont médiocrement la légitime curiosité de nos historiens. Il y aurait donc lieu de publier ou d'analyser tous les actes inscrits sur les Rôles gascons. Le Comité a pris en considération une proposition de M. Francisque Michel, qui a par devers lui la copie de la plus ancienne série de ces Rôles, et qui en a fait un si bon usage pour son Histoire du commerce de Bordeaux.

Dès l'année 1837 il était sérieusement question de comprendre dans la Collection des documents inédits les actes relatifs à la convocation des états généraux du royaume, au mode d'élection et aux prérogatives des députés, à la tenue, aux délibérations et aux décisions de chaque assemblée et aux mesures politiques et administratives qui en furent la conséquence. Les états généraux de Tours en 1484 et ceux de Paris en 1593 sont jusqu'à présent les seuls dont les actes aient été convenablement recueillis. Nous formons des vœux pour la prompte publication des documents que M. de Stadler a réunis et classés, dans un très-bon ordre, sur les états généraux du règne de Philippe le Bel. Les retards qu'a subis ce projet ne sauraient être imputés au Comité, qui en a minutieusement arrêté le programme le 11 novembre 1850.

Le dessein de publier la correspondance de Catherine de Médicis remonte à une date encore plus ancienne. En 1842, un arrêté ministériel confia cette tâche à un éditeur, qui n'y était pas suffisamment préparé. En 1859, un nouvel éditeur se présenta et fut agréé : c'était M. le comte de la Ferrière, qui n'a rien épargné pour rassembler dans ses portefeuilles toutes les pièces de l'immense correspondance de Catherine de Médicis. Il est allé lui-même les rechercher dans les archives et les bibliothèques d'Angleterre, d'Allemagne, d'Italie et de Russie. La copie du premier volume a été soumise au Comité, qui en a voté l'impression.

L'histoire politique et administrative du XVIIe siècle a été déjà libéralement traitée dans la Collection des documents inédits. Il y aurait cependant injustice à dédaigner les mémoires dressés en 1697 par les intendants et qui devaient servir à l'éducation politique du duc de Bourgogne. Ces mémoires ne sont connus que très-imparfaitement par des copies manuscrites généralement défectueuses, par les publications partielles faites pour cinq ou six provinces, ou enfin par l'espèce de contrefaçon où Boulainvilliers s'est complu à défigurer systématiquement la forme, le sens et la portée de cette vaste et instructive enquête. M. Arthur de Boislisle, qui a fait ses preuves par des travaux justement estimés sur la Chambre des comptes et sur les papiers du Contrôle général des finances, a fait récemment ressortir les inconvénients d'une pareille lacune au milieu de l'ensemble des documents d'histoire administrative mis à la portée des travailleurs. Il a indiqué successivement l'origine et les raisons d'être de l'enquête, la façon dont elle fut comprise par les intendants, l'importance de ces mémoires, qui embrassent tout à la fois industrie, commerce, statistique et administration, histoire, topographie ou économie sociale. « Ce serait, dit-il, une œuvre vraiment utile que de réunir en un seul corps toutes ces enquêtes, et, à l'aide de ce tableau si net et si complet, de révéler, tout autre qu'on ne l'avait connue jusqu'ici, notre organisation nationale, notre ancienne France, la France de Sully, de Richelieu, de Colbert et du xviiie siècle. » Selon le projet qui vous a été présenté, Monsieur le Ministre, et qui a toutes les sympathies du Comité, la publication intégrale des mémoires des intendants demanderait quatre ou cinq volumes, y compris l'introduction, les notices préliminaires, les annotations et les tables.

Il est un côté du xviie siècle qui semble avoir été négligé dans les travaux du Comité. L'occasion a manqué de publier des documents biographiques sur les littérateurs et les érudits dont les œuvres sont admirées du monde entier, mais dont la vie est souvent restée fort obscure. L'histoire littéraire doit avoir son tour après l'histoire politique, administrative, diplomatique et militaire.

M. Dantier travaille de longue date à choisir dans les correspondances de la congrégation de Saint-Maur les pièces qui peuvent donner l'idée la plus juste de la vie, du caractère, des habitudes et des travaux des d'Achery, des Mabillon, des Ruinart, des Lobineau, des Vaissète, des Sainte-Marthe, des Martène, des Montfaucon, des Bouquet, des Rivet et de beaucoup d'autres bénédictins moins célèbres, mais non moins dignes de nos hommages.

De son côté, M. Tamizey de Larroque, à qui l'histoire du xvie et du xviie siècle a tant d'obligations, a fait agréer le plan d'une édition de la correspondance de Chapelain, qui forme un véritable journal littéraire pour les années 1632-1640 et 1659-1673, et qui doit remplir trois volumes.

Au moment où des mesures libérales viennent d'être prises pour donner une nouvelle activité à nos travaux, nous devions, Monsieur le Ministre, vous rappeler la tâche que le Comité a déjà remplie et vous communiquer les projets de travail qu'il a préparés pour l'avenir. Puisse cet exposé justifier la confiance dont le Gouvernement nous a honorés. Puisse-t-il montrer que les crédits votés par les Chambres depuis 1834 pour la publication des document inédits ne constituent pas une dépense stérile : ils ont permis au Ministère de l'instruction publique d'établir sur des fondements solides un monument digne de notre histoire nationale.

Je suis avec respect,

Monsieur le Ministre,

Votre obéissant serviteur,

Le Président de la Section d'Histoire,

Léopold DELISLE.

III

RAPPORT À M. LE Vᵀᴱ DE CUMONT,

MINISTRE DE L'INSTRUCTION PUBLIQUE,

SUR

LES TRAVAUX DE LA SECTION D'ARCHÉOLOGIE

ET

SUR SES PUBLICATIONS,

PAR M. LÉON RENIER,

DE L'INSTITUT.

RAPPORT.

LES TRAVAUX DE LA SECTION D'ARCHÉOLOGIE

ET SUR SES PUBLICATIONS.

Monsieur le Ministre,

Une des premières préoccupations du Comité, lors de sa création, en 1835, fut de publier des instructions destinées à diriger les correspondants du Ministère dans la recherche et l'étude des monuments. Ces instructions ont été, en effet, successivement publiées, et elles ont, il est permis de l'affirmer, puissamment contribué aux progrès de l'archéologie nationale. Elles forment plusieurs volumes ou cahiers in-4° de texte accompagné d'un grand nombre de gravures sur bois.

I

INSTRUCTIONS DU COMITÉ HISTORIQUE DES ARTS ET DES MONUMENTS.
(Ouvrage presque épuisé.)

1° Le premier est relatif aux monuments fixes et meubles, construits ou fabriqués par les différentes races qui ont habité notre pays, depuis les époques les plus reculées jusqu'au XIᵉ siècle de notre ère. Il y est traité des édifices religieux et civils; des armes, des poteries et des ustensiles de toute espèce. L'auteur de ce premier cahier est M. Albert Lenoir, d'après les dessins duquel ont été exécutées les 327 gravures sur bois dont le texte est accompagné.

2° Le second cahier, contenant les instructions pour l'étude des monuments de l'architecture militaire du moyen âge, a été rédigé par MM. Mérimée et Albert Lenoir. On y trouve 106 gravures sur bois exécutées d'après les dessins de M. Albert Lenoir.

3° Le troisième cahier, contenant les instructions pour l'étude des monuments religieux élevés en France depuis le xi⁰ siècle jusqu'au xvi⁰, est l'œuvre de MM. Auguste Leprévost et Albert Lenoir. Il contient, comme les précédents, de nombreuses gravures sur bois intercalées dans le texte, gravures exécutées d'après les dessins de M. Albert Lenoir, et qui représentent des plans, des vues, des coupes, des élévations et des détails d'églises construites en plein cintre et en ogive, pendant les deux époques romane et gothique.

4° Enfin, un quatrième cahier, rédigé par M. Bottée de Toulmont, est consacré à la musique du moyen âge. L'auteur y détermine, pour les divers siècles, les différentes formes de notation, et il en donne des *fac-simile.* D'autres planches gravées sur cuivre, d'après les dessins de M. Albert Lenoir, reproduisent les principales formes des instruments de musique, d'après des peintures, des manuscrits, des ciselures et des sculptures du moyen âge.

Les instructions dont il vient d'être question sont assez étendues; elles forment dans leur ensemble un volume in-4° de plus de 500 pages. Elles sont cependant fort sommaires; aussi le Comité pensa-t-il qu'il serait utile d'en publier de plus détaillées pour certaines parties de l'archéologie dont les monuments sont plus nombreux, et qui avaient besoin d'être étudiés d'une manière plus approfondie. C'est ainsi que M. Albert Lenoir fut chargé, en 1849, de publier un *Traité complet de l'architecture monastique,* non-seulement en France, mais dans le monde chrétien tout entier. Ce traité forme deux volumes in-4° de 403 et 562 pages, dont le premier a paru en 1852, le second en 1856; il nous fait connaître l'ensemble de l'art des moines, depuis la cellule du solitaire jusqu'aux plus grands travaux exécutés dans les monastères à toutes les époques du moyen âge et des temps modernes. Le texte y est accompagné de 567 gravures sur bois et sur cuivre, exécutées d'après les dessins recueillis par l'auteur en Occident et en Orient.

C'est par suite du même ordre d'idées qu'un autre membre du Comité, M. Didron, avait été auparavant chargé de publier un *Traité complet d'iconographie chrétienne*, dont malheureusement il n'a paru qu'un seul volume, intitulé : *Histoire de Dieu*.

M. Didron s'était proposé d'écrire l'iconographie de l'univers entier, telle que l'avaient pratiquée les artistes du moyen âge, depuis le créateur et la création jusqu'au jugement dernier. Suivant, dans la succession de ses recherches, le développement des idées de Vincent de Beauvais dans son *Miroir historial*, il avait commencé naturellement par s'occuper de l'iconographie de Dieu ; c'est pourquoi il a donné à son premier volume le titre que nous venons de rappeler.

Il devait traiter, dans les volumes suivants, de l'histoire archéologique des anges, puis de celle des anges déchus, c'est-à-dire du diable et du combat des vices et des vertus. Les sept jours de la création, le péché originel, la mort et les danses macabres, les travaux des champs et les arts libéraux auraient formé le sujet d'une autre division de l'ouvrage. Enfin, les personnages de l'histoire sainte, les patriarches, les apôtres et les saints, les principaux faits de leur histoire, y compris ceux de la vie du Christ et de sa Passion, seraient venus ensuite, et l'ensemble de ces recherches se serait terminé par la description des principales images de l'Apocalypse.

De cette vaste encyclopédie, dont M. Didron s'occupa toute sa vie, l'histoire archéologique de Dieu est, comme nous l'avons dit, la seule partie qui ait été publiée. Il nous y fait connaître, à l'aide des textes et des monuments reproduits par la gravure, la succession des modes divers de représentation des trois personnes de la Trinité depuis les origines du christianisme jusqu'à la Renaissance

Il détermine d'abord les attributs constants de la Divinité. Ces attributs sont : le nimbe crucifère, c'est-à-dire un disque entourant la tête et timbré d'une croix; l'auréole, qui enveloppe parfois le corps, et la gloire, qui est la réunion du nimbe et de l'auréole. La nudité des pieds est un autre attribut constant.

Ces caractéristiques établies, il s'occupe des représentations successives, suivant la marche des siècles et les transformations de l'art, de chacune des personnes divines : le Père, le Fils et le Saint-Esprit ; puis de leur réunion en Trinité.

Ce livre n'a pas été moins utile aux archéologues pour l'étude de l'iconographie des monuments qu'aux artistes pour la restitution et même pour la création d'œuvres nouvelles, conformes à la tradition établie par leurs devanciers du moyen âge.

L'*Histoire de Dieu* forme un volume in-4° de 624 pages ; elle contient 150 gravures sur bois intercalées dans le texte.

Outre les ouvrages archéologiques dont nous venons de donner le détail, le Comité se propose de continuer la série des instructions destinées aux correspondants et aux sociétés savantes. On a déjà réuni un grand nombre de documents relatifs aux médailles et monnaies, aux vêtements, aux bijoux et à l'orfévrerie, aux sépultures franques, romaines, et aux époques préhistoriques de l'âge de pierre et de l'âge du bronze.

Le manuscrit des inscriptions romaines de la Gaule est également à la veille d'être livré à l'Imprimerie.

II

STATISTIQUE MONUMENTALE DE PARIS, par M. Albert Lenoir.
(Ouvrage presque épuisé.)

M. Guizot, Ministre de l'instruction publique, en créant le Comité des arts et monuments, avait annoncé l'intention de le charger de publier la statistique monumentale de la France ; mais un pareil ouvrage ne pouvait être publié que par sections comprenant les statistiques d'un département, d'une province ou d'une ville. M. Albert Lenoir, par une lettre adressée au Ministre le 10 juillet 1835, lui soumit le plan de la statistique monumentale de la ville de Paris ; ce projet, adopté par M. Guizot, fut immédiatement étudié de façon à recevoir le plus tôt possible son exécution, et la première livraison parut en 1840. L'ouvrage, publié dans le format grand in-folio et composé de 266 planches gravées et en chromolithographie, contient un beaucoup plus grand nombre de monuments, le format adopté ayant permis d'en réunir plusieurs sur une même planche. L'ensemble se compose d'un frontispice et de 27 feuilles d'édifices et de fragments de sculpture de l'époque romaine; de 72 planches relatives aux églises fondées à Paris par les rois de la première race; de 110 feuilles d'églises du moyen âge; de 16 planches d'églises de la Renaissance, et enfin de 41 planches de monuments civils et d'hôtels privés, datant des époques gothique et de la Renaissance.

La monographie de l'église cathédrale de Paris devait, suivant le projet, comprendre à elle seule 40 planches; elle a été arrêtée à la septième inclusivement. Les 33 feuilles qui devaient compléter ·cette monographie, et qui n'ont pas été exécutées, auraient porté le nombre total des planches de la Statistique au chiffre de 300.

Un volume de 280 pages in-4° contient le texte explicatif de tous les monuments publiés dans les planches dont nous venons de donner le détail.

III

RÉPERTOIRES ARCHÉOLOGIQUES DES DÉPARTEMENTS.

Dresser le catalogue, aussi complet et aussi exact que possible, des monuments de tout genre et de tout âge, disséminés sur la surface de la France, dans les plus humbles hameaux comme dans les plus grandes villes; donner de ces monuments une indication sommaire, mais précise et proportionnée à leur importance, en ayant soin de mentionner leur âge, certain ou seulement présumé, et les principaux caractères de leur architecture; en un mot, composer, sous forme de dictionnaires faciles à consulter, des guides archéologiques qui fassent connaître l'existence des monuments de chaque localité, en renvoyant aux ouvrages spéciaux où ces monuments sont décrits plus amplement, tel est l'important objet qu'ont eu en vue le Ministre de l'instruction publique et, sur son invitation, la section d'archéologie du Comité des travaux historiques, lorsque fut décidée, en 1858, la publication des Répertoires archéologiques des départements, complément naturel des dictionnaires topographiques entrepris par les membres de la section d'histoire et de philologie.

Le cadre et les éléments de ce grand travail, tels qu'ils ont été exposés dans les instructions adressées aux correspondants du Ministère peuvent se résumer ainsi qu'il suit : Chaque répertoire de département formera un volume à part. Il sera rédigé comme un dictionnaire et divisé en sections, suivant l'ordre administratif, c'est-à-dire par arrondissements, cantons et communes. Pour chaque article (c'est-à-dire pour chaque commune), l'auteur mentionnera d'abord les formes diverses, anciennes et modernes, latines et françaises, du nom de la localité. Il énumérera ensuite les monuments élevés sur son territoire, en en donnant une description rapide et très-condensée dans la forme et en suivant l'ordre chronologique : époque celtique, époque romaine, moyen âge, Renaissance, temps modernes. Les inscriptions, les objets d'art et de mobilier ayant une valeur historique, ne devront point être omis. Les monuments disparus, mais dont le souvenir s'est conservé dans le pays, seront également mentionnés. Pour les églises et chapelles, on aura soin d'indiquer les vocables. Enfin, chaque article sera terminé, lorsqu'il y aura lieu, par un renvoi aux ouvrages imprimés ou manuscrits, dans lesquels il a été traité des monuments dont il s'agit avec plus de détails et d'une manière plus approfondie.

C'est sous cette forme et dans cet esprit qu'ont été conçus les Répertoires archéologiques déjà publiés, et qui sont au nombre de six, savoir :

Du département de l'*Aube*, par M. d'Arbois de Jubainville ;

De l'*Oise*, par M. Woillez ;

Du *Morbihan*, par M. Rosenzweig ;

Du *Tarn*, par M. Crozes ;

De l'*Yonne*, par M. Quantin ;

De la *Seine-Inférieure*, par M. l'abbé Cochet.

Un septième Répertoire est sous presse et paraîtra sans doute prochainement; c'est celui du département de la *Nièvre*, par M. G. de Soultrait. Plusieurs autres sont en préparation.

Ces divers Répertoires, inégaux en importance et en étendue, comme les départements mêmes auxquels ils se rapportent, sont restés également fidèles au programme tracé plus haut. Ils ne diffèrent guère entre eux que par les développements plus ou moins complets, plus ou moins techniques donnés à la description des monuments.

IV

MONOGRAPHIE DE LA CATHÉDRALE DE CHARTRES, par MM. Lassus, Amaury-Duval et Didron.
(Ouvrage presque épuisé.)

Dans le Rapport adressé au Ministre de l'instruction publique sur les travaux de l'exercice 1838, le Comité des arts et monuments indiquait la Monographie de la cathédrale de Chartres comme une des publications les plus utiles à proposer pour modèle aux antiquaires avec lesquels il était déjà entré en relation. Une crypte vaste et majestueuse, une façade célèbre par ses sculptures romanes et par ses flèches de pierre, deux portiques latéraux chefs-d'œuvre du XIIIe siècle, une suite de vitraux unique en Europe, désignaient cette magnifique église au choix du Comité. La cathédrale de Chartres avait, de plus, l'incomparable avantage de présenter, dans ses dix-huit cents et quelques figures, la réalisation la plus complète du système iconographique du moyen âge. Deux artistes éminents, MM. Lassus, architecte, et Amaury-Duval, peintre, furent chargés d'exécuter les dessins et d'en surveiller la gravure. La partie graphique, aujourd'hui complète, forme un atlas de nombreuses planches, qui ont figuré avec honneur à l'Exposition universelle de 1867. Les artistes et les archéologues de la France et des pays étrangers ont admiré surtout les vues d'ensemble du monument, celles des portiques largement ouverts à la lumière et peuplés de statues, la reproduction en couleurs des éclatantes verrières du portail royal. L'étude des vitraux de Chartres, rendue plus facile par cette publication, n'a pas médiocrement contribué à maintenir les bonnes traditions dans les nombreux ateliers de peinture sur verre qui se sont formés de nos jours.

Il reste à·faire paraître un volume de texte, où seront expliquées les origines du monument et décrites dans tous leurs détails les planches de l'atlas. La rédaction de cette partie importante de l'ouvrage est confiée à un correspondant du Ministère pour qui la cathédrale de Chartres est depuis longtemps un objet constant d'études et de recherches. Le Comité espère avoir prochainement le manuscrit à sa disposition.

<h2 style="text-align:center">V</h2>

MONOGRAPHIE DE L'ÉGLISE NOTRE-DAME DE NOYON, par M. Vitet, avec 33 planches in-folio de plans, coupes, élévations et détails, gravées d'après les dessins de M. Daniel Ramée, architecte, 1845.

Cette monographie a, comme celle de la cathédrale de Chartres et comme la Statistique monumentale de Paris, été choisie et écrite pour être un spécimen de la manière dont on doit faire l'étude et la critique d'une église importante. L'exemple était d'autant mieux choisi que la date de cette église, construite d'un seul jet, avec un mélange de pleins cintres comme forme d'ouvertures, et d'ogives comme principe de construction et comme caractère d'effet général, ce qui la met dans la fin de la transition entre l'art roman et l'art ogival, était alors plus controversée. Il y a là toute une doctrine générale. Il fallait établir que, à côté et en dehors de la présence ou de l'absence de documents écrits, il faut d'abord et toujours consulter le monument lui-même, et qu'il suffit de le bien interroger pour arriver à une vérité indéniable. Ici l'on prouve que ce monument, qu'on faisait remonter aux Carlovingiens et même aux Mérovingiens, est forcément postérieur à l'incendie de 1131 et antérieur à celui de 1293. L'absence de pierres tumulaires antérieures au xiiie siècle, l'interruption si singulière des ensevelissements des évêques de Noyon dans l'église, depuis 1167 jusqu'en 1228, et par-dessus tout les caractères architectoniques étudiés dans le plan, dans la construction et dans les détails, tel est l'ensemble des preuves par lesquelles l'auteur a établi que le chœur, à cause des tâtonnements et des maladresses qu'on y remarque, a été la première partie construite, et que l'ensemble, si caractéristique par la fusion d'un style qui finit et d'un autre qui commence, ne peut pas avoir une autre date que la fin du xii° siècle et le commencement du xiii°. Cette application à un cas particulier des principes de la critique générale était, au moment où cette monographie a paru, et est encore aujourd'hui ce qui a été publié de plus remarquable en ce genre. L'ouvrage est terminé par un examen comparatif d'une question très-intéressante et très-délicate, celle des transepts circulaires des églises. L'église de Noyon en offre, en effet, un des plus beaux exemples, évidemment inspiré de ceux de l'église de Tournay, dont l'évêché venait seulement alors d'être détaché de celui de Noyon.

VI

Peintures de l'église de Saint-Savin, département de la Vienne, par M. Prosper Mérimée, 1845; 1 vol. in-folio avec atlas de 42 chromolithographies exécutées d'après lés dessins de M. Gérard Séguin.

L'église du monastère de Saint-Savin, auprès de Poitiers, méritait d'être l'objet de cette étude, exceptionnelle dans le plan général de la collection des documents inédits. L'édifice actuel, postérieur à un premier qui a existé peut-être sous Charlemagne et certainement sous Louis le Débonnaire, doit avoir été construit sous l'abbatiat d'Odon II, depuis 1023 jusqu'aux environs de 1050; et est déjà curieux, on le voit, par sa seule ancienneté. C'est encore une modification de la basilique : la nef, à deux collatéraux allongés et presque aussi hauts que la voûte centrale, aboutit à un transept au fond duquel s'ouvrent, de chaque côté, une chapelle en hémicycle plantée en face du collatéral, et, au centre, un chœur avec trois chapelles rayonnantes. Après une description générale de l'édifice, viennent la traduction de la lé-

gende de saint Savin et de son compagnon saint Cyprien, une histoire
de l'abbaye particulièrement curieuse par le récit des scandales et des
violences inouïes, celles-là mêmes que poursuivit plus tard la juridiction extraordinaire des Grands Jours, d'un certain baron des Francs,
contemporain de Richelieu et du commencement de Louis XIV; enfin,
l'étude des peintures.

Ces peintures sont l'intérêt le plus grand de cette église, dont la
pauvreté les a heureusement sauvées, et elles restent un exemple
unique en France et même ailleurs d'une décoration murale aussi importante. Elles étaient, en effet, tout l'ornement de l'église, qui serait
des plus simples sans cette décoration, pour laquelle elle a été construite. En dehors des chapiteaux, il n'y a aucune sculpture, même
ornementale; il n'y a que des surfaces crépies pour recevoir de la
peinture, ce qui est le caractère des bas temps qui s'étendent de l'antiquité romaine au commencement du moyen âge. Tandis que les peintures des églises gothiques et même romanes ne sont faites qu'à la
détrempe sur de la pierre dressée ou sur un enduit de plâtre, l'enduit de celles-ci est en mortier de chaux, où la couleur a pénétré de
plusieurs millimètres, ce qui en fait de véritables fresques, c'est-à-dire
une exception. Le caractère n'en est pas moins étonnant; il y a là un
souvenir très-voisin, non pas des Byzantins, mais de l'antiquité romaine,
par la grandeur de l'aspect, par la présence des plis essentiels à la
façon antique, par la simplification et par le choix de l'accent vérita-
blement principal. Le caractère est postérieur aux Évangélistes des
manuscrits carlovingiens, qui sont encore tout romains, et antérieur à
l'épanouissement exubérant que prendra bientôt la sculpture romane
du Poitou, sculpture dont la richesse va de même jusqu'à l'exubérance
et presque jusqu'à la confusion. Rien de plus curieux que ces peintures,
pour les costumes d'hommes et de femmes, qui vont du XIᵉ au XIIᵉ siècle,
et aussi pour les sujets. Ce qui reste à la voûte de la nef est pris pour la
Genèse dans ce qui se rapporte à la création, à la vie d'Adam et d'Ève,
de Caïn et d'Abel, de Noé, d'Abraham et de Joseph, et pour l'Exode
dans l'histoire de Moïse. Dans le porche se trouvent la gloire du Christ

et des sujets de l'Apocalypse; dans la tribune du porche, des figures décorées avec des sujets de la Passion, des anges et des saints locaux; dans les chapelles, des patrons et des évêques du pays, et, dans la crypte, peints moins anciennement, la légende locale et le martyre de saint Savin et de saint Cyprien. C'est, par son ancienneté, une réunion vraiment unique de peintures murales, dont la description et l'étude sont un document archéologique de premier ordre.

VII

COMPTES DES DÉPENSES DE LA CONSTRUCTION DU CHÂTEAU DE GAILLON, publiés d'après les registres manuscrits des trésoriers du cardinal d'Amboise, par M. A. Deville, 1850; 1 vol. in-4° avec un atlas de 16 planches in-fol.

Le château de Gaillon, bâti par le cardinal Georges Ier d'Amboise, archevêque de Rouen et ministre de Louis XII, est un des monuments les plus parfaits et les plus charmants de la première Renaissance française. Outre les portions encore subsistantes de la *Grant maison*, le musée du Louvre, l'École des Beaux-Arts, la chapelle d'hiver de l'église de Saint-Denis se font honneur de ceux de ses débris qu'ils ont reçus du musée des Petits-Augustins. Les comptes contemporains qui contiennent tous les détails de la construction du château sont l'objet de la publication de M. Deville. Non-seulement ils ont fixé des points controversés, mais ils ont révélé des faits et des noms d'artistes inconnus. Ils établissent que le château, commencé seulement en 1501 et terminé en 1510, a coûté plus de 150,000 livres, à peu près deux millions de notre monnaie. Ils révèlent que, si la fontaine de la cour centrale, offerte au cardinal par les Vénitiens, est un ouvrage italien, si la chapelle était couverte des peintures du Milanais Andrea Solario, qui y travailla de 1507 à 1509, les autres artistes employés à cet admirable travail étaient Français. Ainsi les principaux architectes furent Guillaume Senault, Pierre Fain, Pierre Delorme, et les détails contenus dans les comptes montrent que tous trois étaient célèbres, fort occupés et fort consultés. Pierre Valence, à la fois artiste et fontainier, était de Tours; et, parmi les sculpteurs, on trouve, avec le nom du Florentin Antoine Just, qui n'a travaillé qu'en France, celui, plus grand encore, du Tourangeau Michel Columb. Ce volume, qui se termine par des inventaires curieux du mobilier et de la bibliothèque du château, est certainement l'un des documents les plus importants qui aient été publiés sur l'histoire des arts en France au commencement du xvɪᵉ siècle.

VIII

ÉTUDE SUR LES MONUMENTS DE L'ARCHITECTURE MILITAIRE DES CROISÉS EN SYRIE ET DANS L'ÎLE DE CHYPRE, par M. Guillaume Rey; 1 vol. in-4° de 288 pages, avec 75 planches et 65 gravures sur bois intercalées dans le texte.

Cet ouvrage se compose de dix-huit chapitres, dont douze sont consacrés à l'étude des châteaux de Margat, du Krak des Chevaliers, de Tortose, de Chastel-Blanc, de Giblet, de Beaufort, de Sidon, de Montfort d'Athlit, de Karak, de Sahioun et de Toklé en Syrie, ainsi qu'à ceux de Buffavent, de Saint-Hilarion et de Colossi en Chypre.

Cinq autres chapitres sont consacrés aux enceintes des villes d'Antioche, de Tortose, de Giblet, de Césarée et d'Ascalon.

Un autre enfin, divisé en quatre parties, contient la description des ports fortifiés de Tyr, Acre, Beyrouth, Zibel et Laodicée.

L'ouvrage est complété par deux notices de géographie historique consacrées, l'une à la principauté de Karak et de Mont-Réal, l'autre aux possessions de l'Ordre Teutonique.

IX

INSCRIPTIONS DE LA FRANCE, du vᵉ au xvɪɪɪᵉ siècle, recueillies et publiées par M. de Guilhermy, tome Iᵉʳ, *Ancien diocèse de Paris*, 1873, 1 vol. de 816 pages in-4°, avec de nombreuses gravures sur bois.

L'étude des inscriptions a toujours été considérée comme l'auxiliaire indispensable de celle de l'histoire ou de l'archéologie. Aussi l'épigraphie antique, grecque ou romaine, n'a-t-elle cessé, depuis la renaissance des lettres, de fournir un élément inépuisable aux recherches des hommes les plus distingués par leur érudition et par leur sagacité. L'épigraphie des temps postérieurs à la chute de l'empire romain a été, au contraire, constamment laissée à l'écart; elle partageait en cela le sort de l'archéologie chrétienne, qui, jusqu'à nos jours, n'a trouvé dans notre pays que de rares appréciateurs.

Le Comité, qui porte aujourd'hui le titre de Comité des travaux historiques et des Sociétés savantes, s'est préoccupé, dès son origine, en 1837, de cet injuste abandon. Les hommes d'élite qui le composaient se rendaient bien compte des ressources infinies que peut présenter l'épigraphie du moyen âge, de la Renaissance et des époques plus modernes, pour l'histoire générale ou pour les biographies spéciales, pour la constatation de faits douteux et de dates incertaines, pour l'étude des mœurs, des croyances, des superstitions, des coutumes, des variations du langage et de l'écriture, pour l'origine des fondations pieuses, des établissements universitaires, des refuges ouverts aux misères humaines par la charité. On savait aussi que, parmi nos inscriptions, latines ou françaises, il se rencontre de véritables modèles de style et de pensée. Après de longs retards, un arrêté ministériel du 4 février 1868 approuva le plan adopté par le Comité pour la publication d'un Recueil des inscriptions de la France, du ve siècle au xviiie, divisé en autant de parties qu'il existait autrefois, dans le royaume, de circonscriptions diocésaines. Il fut décidé qu'on se bornerait à publier des textes authentiques, c'est-à-dire les monuments conservés en nature, dont il est encore possible d'obtenir des calques ou des empreintes. Il sera toujours temps, si jamais on le croit nécessaire, de recourir aux livres imprimés ou aux compilations manuscrites, dont l'existence ne paraît pas sérieusement compromise, tandis que les monuments originaux disparaissent chaque jour avec une effrayante rapidité.

La publication a débuté par l'ancien diocèse de Paris, dont les limites s'étendaient autrefois bien au delà de celles du département de la Seine, dans lesquelles il se renferme aujourd'hui. Le premier volume, contenant 458 inscriptions de la ville de Paris et 50 planches

ou *fac-simile*, a été mis en distribution au mois de mai 1873. La copie
du tome second est entièrement préparée; il dépend de l'Imprimerie
nationale d'en accélérer l'impression. Le complément de l'épigraphie
de l'ancien diocèse de Paris n'exigera pas plus de deux autres volumes,
qui pourraient être livrés, sans grande difficulté, en 1875 et en
1876. Une fois cette première série épuisée, le Ministre statuera sur
ce qu'il conviendra de faire pour les séries subséquentes.

X

RECUEIL DES DIPLÔMES MILITAIRES ROMAINS, publié par M. Léon Renier.
1 vol. in-4°, en cours de publication.

Parmi les documents épigraphiques les plus intéressants qui soient
parvenus jusqu'à nous, on s'accorde à compter ceux qu'on a longtemps
désignés sous le nom de *Tabulæ honestæ missionis*, et qu'on appelle aujourd'hui plus exactement diplômes militaires. Ce sont de petites ta-
blettes de bronze en forme de diptyques, sur lesquelles sont gravés
des extraits de décrets impériaux accordant le droit de cité et le droit
de *connubium* aux soldats des corps de troupes formés de volontaires,
qui avaient ou étaient sur le point d'avoir accompli leur temps de
service.

Ces extraits portent toujours une date indiquée de deux manières
différentes, par les titres que portait l'empereur au moment où le décret a été rendu, et par les noms des consuls en charge à la même
époque. Ce sont donc des documents chronologiques de premier ordre :
c'est par leur moyen qu'on est parvenu à déterminer exactement la
correspondance des puissances tribunitiennes ou des années de règne
des empereurs avec les dates consulaires.

Mais ce n'est là que la moindre partie de l'intérêt qu'ils présentent;
ils ont, au point de vue de l'histoire militaire de l'empire romain, une
bien plus grande importance. Ceux de ces décrets qui ont été rendus
en faveur de corps de troupes cantonnés dans les provinces men-
tionnent généralement toutes les troupes auxiliaires de la province à
laquelle ils se rapportent. Ils nous apprennent donc quelle était, à

l'époque où ils ont été rendus, la composition de l'armée de cette province, les légions qui y stationnaient étant connues d'ailleurs. D'autres
nous font connaître encore quel était, aux différentes époques de l'empire romain, le nombre des cohortes prétoriennes et des cohortes ur-
baines, nombre qui a plusieurs fois varié.

Le musée de Saint-Germain et le cabinet des antiques de la Bibliothèque nationale possèdent quatre de ces diplômes, dont un, il est
vrai, n'est qu'un très-court fragment. On en connaissait 52 au moment
où a commencé l'impression du Recueil. Dix autres, dont l'éditeur a pu
se procurer des copies ou des empreintes, ont été découverts depuis.
Enfin, on vient d'en découvrir encore deux, l'un en Sardaigne, l'autre
en Thrace; l'éditeur espère en recevoir bientôt les empreintes, et il
pourra alors mettre la dernière main à son travail, qui ne tardera pas
à pouvoir être livré au public.

Voici maintenant quel est l'état de la publication :

31 feuilles de texte sont tirées.

3 feuilles 1/2 sont en épreuves.

44 planches de *fac-simile* sont gravées.

L'éditeur pense qu'il faudra encore, pour la terminer, une di-
zaine de feuilles de texte et trois ou quatre planches, pour reproduire en *fac-simile* les deux diplômes inédits dont on lui promet les
empreintes.

XI

BULLETINS ET REVUES.

La création des Comités pour la publication des documents inédits
date de l'année 1834; mais la première publication spéciale affectée aux
comptes rendus des travaux de ces Comités ne remonte qu'à 1840.
Encore, le Comité des arts et monuments fut-il seul appelé d'abord à
jouir de cet avantage. Un arrêté de M. Villemain, du 26 février 1840,
autorisa la publication de ce Bulletin archéologique qui continua
d'exister jusqu'en 1848, et qui forme quatre volumes in-8°. Ce Bulletin reproduisit, en tête de son premier volume, les rapports que

président avait adressés au Ministre depuis 1837 pour lui faire connaître la manière dont le Comité des arts s'était acquitté de sa mission.

Les autres Comités ne tardèrent pas à obtenir un privilége analogue pour la publication des travaux qui rentraient dans leurs attributions. Le Comité des chartes prit l'initiative des réclamations et demanda à diverses reprises la création d'un Bulletin mensuel où seraient insérés les procès-verbaux des séances, des extraits de la correspondance, les rapports sur les documents soumis au Comité, et ces documents eux-mêmes lorsqu'ils seraient reconnus offrir de l'intérêt.

La persistance des regrets maintes fois exprimés de ne pas voir donner de publicité aux procès-verbaux des séances qui contiennent un grand nombre de notes biographiques, des détails pleins d'intérêt sur des manuscrits de la Bibliothèque aujourd'hui nationale et sur les documents soumis au Comité, finit cependant par être prise en considération par l'administration, qui ne voulut pas que ces utiles renseignements fussent plus longtemps perdus pour l'étude. Un arrêté du 10 mai 1849 chargea les deux secrétaires du Comité des monuments écrits, MM. Taranne et de la Villegille, de la publication d'un volume d'extraits des procès-verbaux des séances du Comité historique depuis son origine jusqu'à la réorganisation du 5 septembre 1848. Ce volume devait d'ailleurs servir d'introduction et de complément au Bulletin des comités historiques, destiné par l'arrêté du 8 janvier 1849 à remplacer le Bulletin du Comité des monuments écrits et le Bulletin archéologique.

La création de ces deux nouvelles publications présente d'ailleurs un intérêt tout particulier au point de vue archéologique. L'article 6 de l'arrêté du 8 janvier, qui fixa le nombre de feuilles de texte que devait comprendre chaque numéro de ce Bulletin, porte que ces numéros seront accompagnés, quand il y aura lieu, de lithographies ou de gravures. En effet, les quatre volumes du Bulletin du Comité des arts et monuments, dont se compose cette série, ne renferment pas moins de 39 planches et un nombre au moins égal de gravures sur bois.

Cette innovation se perpétua dans les publications qui succédèrent à celle-ci. Le Bulletin du Comité de la langue, de l'histoire et des arts de la France, qui parut de 1852 à 1857, publia également 31 planches à part et 109 gravures sur bois dans le texte, et la même méthode a été suivie dans la Revue des sociétés savantes, qui a commencé à paraître en 1856 et qui en est arrivée, au 1er janvier 1874, à son trente-sixième volume (VIe de la 5e série). La section d'archéologie s'est, en effet, de plus en plus convaincue de la nécessité de recourir à l'emploi des planches pour suppléer, en ce qui concerne les monuments, à l'insuffisance des descriptions, même les mieux faites.

En résumé, les publications in-8° qui font connaître les travaux du Comité forment aujourd'hui un ensemble de soixante et dix-sept volumes. On en trouvera le détail page xi de l'Avertissement placé en tête de la Table générale des Bulletins du Comité des travaux historiques et de la Revue des sociétés savantes, ainsi que dans le rapport que M. le baron de Watteville adresse à Votre Excellence.

Je suis avec respect,

Monsieur le Ministre,

Votre très-obéissant serviteur,

Léon RENIER.

IV

RAPPORT À M. LE Vᵀᴱ DE CUMONT,

MINISTRE DE L'INSTRUCTION PUBLIQUE,

SUR

LES TRAVAUX DE LA SECTION DES SCIENCES

ET SUR SES PUBLICATIONS,

PAR M. ÉMILE BLANCHARD,

DE L'INSTITUT.

RAPPORT

LES TRAVAUX DE LA SECTION DES SCIENCES

ET SUR SES PUBLICATIONS.

Monsieur le Ministre,

Sur l'avis du Comité des travaux historiques et des Sociétés savantes, la publication des œuvres des plus illustres savants français fut décidée au commencement de l'année 1861. Il était devenu impossible de se procurer les principaux ouvrages des créateurs de la science moderne, et de ces maîtres beaucoup de mémoires, de notices, de rapports, de correspondances n'avaient reçu qu'une publicité restreinte; plusieurs étaient demeurés inédits. Afin de permettre à chacun de remonter aisément aux véritables sources de la science, de si précieux documents devaient être réunis; il importait qu'on vît dans leur ensemble, et ainsi dans tout leur éclat, les monuments qui font la gloire scientifique de la France.

On prit la résolution de publier sans retard les œuvres de Lavoisier, d'Augustin Fresnel et de Lagrange.

Notre illustre chimiste M. Dumas, qui depuis longtemps s'était occupé des écrits de Lavoisier, fut chargé du soin de la publication des œuvres du fondateur de la chimie moderne. Il avait reçu de la famille de Lavoisier, représentée par M. de Chazelles, tous les manuscrits qu'elle possédait, et de divers savants des pièces propres à enrichir le travail.

Quatre volumes ont été successivement livrés à la publicité.

Le premier comprend les deux ouvrages classiques de Lavoisier : le *Traité de chimie élémentaire* et les *Opuscules de physique et de chimie*. Le second, les mémoires publiés dans divers recueils de 1770 à 1792. Le troisième renferme un grand nombre de pièces inédites d'un haut intérêt. Le quatrième présente dans l'ordre chronologique les nombreux rapports dont Lavoisier avait été chargé par l'Académie des sciences.

Le cinquième volume, actuellement en préparation, renfermera les mémoires sur la géologie et la minéralogie de la France, sur le système métrique et d'autres travaux d'un intérêt général.

La publication des œuvres de Fresnel est achevée, elle forme trois volumes.

La mort de l'illustre physicien fut très-prématurée. On ne connaissait la plupart des travaux de Fresnel que par des extraits. On a donc puissamment servi l'intérêt de la science en mettant au jour dans leur intégrité les œuvres qui ont assuré la connaissance des plus importants phénomènes de l'optique et donné des bases certaines à la doctrine des ondulations.

La publication des œuvres de Lagrange a été confiée à M. Serret, de l'Institut. Elle se composera de neuf volumes. Six sont déjà publiés. Lagrange, l'un des plus grands mathématiciens qui aient existé, est, de l'avis général, celui qui a le mieux préparé les voies où de nos jours les géomètres concentrent leurs efforts. La publication des œuvres de Lagrange n'est pas seulement un hommage rendu à la mémoire du plus illustre des géomètres français, elle offre un intérêt permanent et elle servira au développement des aptitudes pour la géométrie qui viendront à se manifester parmi les générations nouvelles.

Depuis longtemps, les amis de la science forment des vœux pour qu'on entreprenne la publication des œuvres complètes de plusieurs autres savants français.

Denis Papin, Fermat, Laurent de Jussieu, Cuvier ont été particulièrement signalés; ce sont de véritables créateurs. Pour diverses branches de la science, on les trouve au point de départ, et, dans l'état actuel, on ne parvient pas sans des efforts inouïs à mesurer l'influence qu'ils ont exercée sur le mouvement de l'esprit humain. Une publication générale des œuvres de ces maîtres rendrait donc un service très-réel aux hommes d'étude en même temps qu'elle aurait l'avantage de mettre en pleine lumière un ensemble de travaux dont le pays a le droit de s'enorgueillir.

Après la publication des œuvres d'un chimiste comme Lavoisier, d'un physicien comme Fresnel, d'un mathématicien comme Lagrange, il semble particulièrement désirable qu'on s'occupe d'un zoologiste tel que Cuvier, le grand naturaliste par excellence.

La publication des œuvres de Cuvier n'entraînerait pas une dépense bien considérable. En effet, on ne juge pas nécessaire de réimprimer de nouveau les grands ouvrages qui ont eu plusieurs éditions : le *Règne animal*, les *Leçons sur l'anatomie comparée*, les *Recherches sur les ossements fossiles*. Il s'agirait seulement de publier les mémoires épars dans des recueils devenus très-rares, des notices, des rapports, des correspondances et peut-être quelques pièces absolument inédites. L'ensemble de ces opuscules montrerait que les idées les plus heureuses, les aperçus les plus ingénieux, les vues les plus lointaines d'un esprit supérieur se trouvent souvent dans des écrits d'une faible étendue.

Je suis, avec respect,

Monsieur le Ministre,

Votre très-obéissant serviteur,

ÉMILE BLANCHARD.

I

Œuvres de Lavoisier, t. I à IV. Édité pour la première fois par M. Dumas, de l'Institut.

Par décision du 4 février 1861, M. Rouland, Ministre de l'instruction publique, confie à M. Dumas la publication des œuvres de Lavoisier.

M. Dumas s'était occupé depuis longtemps du soin de recueillir les matériaux nécessaires à cette publication importante; la famille de Lavoisier, représentée par M. de Chazelles, avait mis à sa disposition tous les manuscrits qu'elle possédait; un grand nombre de savants, apprenant la décision de M. le Ministre de l'instruction publique, se sont empressés d'offrir à l'éditeur communication des pièces en leur possession qui pouvaient éclairer ou enrichir le travail auquel il se préparait depuis longtemps.

Quatre volumes ont été successivement livrés au public.

Le premier comprend les deux ouvrages classiques de Lavoisier : son *Traité de chimie élémentaire* et ses *Opuscules physiques et chimiques*.

Le second est consacré aux mémoires de physique et de chimie publiés par Lavoisier dans divers recueils à partir de 1770 jusqu'à 1792, et particulièrement de ceux qui ont pour objet la fondation des doctrines de la chimie moderne et l'exposé de leur application à la physiologie, à l'hygiène, à la médecine et à l'agriculture.

Le troisième volume se compose d'un grand nombre de pièces inédites, dont quelques-unes constituent de véritables ouvrages; tels sont : 1° les mémoires sur l'éclairage d'une grande ville et sur l'éclairage des salles de spectacle; 2° les mémoires sur la nature des eaux d'une partie de la Franche-Comté, de l'Alsace, de la Lorraine, de la Champagne, de la Brie et du Valois; 3° les expériences faites au moyen du miroir ardent de Trudaine; 4° les expériences sur le froid de 1776; 5° les recherches sur la pesanteur spécifique des liquides et l'invention du densimètre centésimal; 6° les rapports sur les prisons, les hôpitaux; 7° sur les travaux de la commission des aérostats; 8° sur les observatoires météorologiques et la prédiction du temps; 9° enfin, un mémoire inédit sur l'analyse organique élémentaire et sur la fermentation spiritueuse.

Le quatrième volume présente, 1° dans leur ordre chronologique, la série des rapports nombreux dont Lavoisier avait été chargé par l'Académie des sciences et dont il avait lui-même indiqué la publication comme devant faire partie de ses œuvres; 2° l'histoire des changements opérés sous le directorat de Lavoisier dans la constitution de l'Académie en 1785, changements qui lui ont donné la forme qu'elle a conservée depuis; 3° l'exposé des opérations du bureau de consultation des arts et métiers qui avait recueilli, en 1793, les membres de l'Académie, alors supprimée, s'occupant de mécanique, de physique ou de chimie; 4° enfin, un travail étendu sur la distillation en général et sur celle de l'eau de mer en particulier. Ce travail avait été publié sans nom d'auteur, en 1775. L'éditeur prouve qu'il appartient à Lavoisier et qu'il renferme le vrai principe de la distillation continue.

Le cinquième volume, dont l'éditeur s'occupe actuellement, renfermera le mémoire de Lavoisier sur la géologie et la minéralogie de la France, sur le système métrique, sur la formation du salpêtre, sur la richesse publique et sur divers objets d'intérêt général.

DUMAS, de l'Institut.

II

OEuvres de Lagrange, t. I à IV. Édité pour la première fois par M. Serret, de l'Institut. (Ouvrage presque épuisé.)

Les six premiers volumes des œuvres de Lagrange, publiées par les soins de M. Serret, membre de l'Institut, sous les auspices du Ministre de l'instruction publique, sont aujourd'hui terminés.

Cinq volumes avaient paru avant la guerre de 1870; le tome VI, dont la publication a été retardée par des difficultés de diverse nature, a paru à la fin du mois d'avril de cette année.

La collection des œuvres complètes de Lagrange se composera de neuf volumes in-4° renfermant en moyenne de 95 à 100 feuilles. reste donc trois volumes à publier.

L'étendue de cette grande collection dépassera ainsi de deux volumes les limites fixées par les supputations primitives. Mais il faut remarquer que ces limites n'embrassaient ni la *Mécanique analytique* ni la *Théorie et le calcul des fonctions*, aujourd'hui épuisées, et il est impossible que ces œuvres monumentales soient laissées en dehors d'une publication qui doit revêtir un caractère national. Il ne faut pas oublier d'ailleurs que l'État ne supporte pas seul les frais de la publication : celle-ci est abandonnée à l'industrie privée, et le Ministère de l'instruction publique ne paye que la souscription des 300 exemplaires qui lui sont livrés, et la modeste allocation attribuée au savant chargé de diriger la publication.

Aucune publication ne justifie mieux assurément l'intervention de l'État que celle des œuvres de Lagrange, l'un des plus grands mathématiciens qui aient existé, celui peut-être qui laissera, de son passage dans la science, les traces les plus profondes, et qui a le mieux préparé les voies où les géomètres d'aujourd'hui concentrent leurs efforts.

Aussi cette publication offre-t-elle le double caractère d'un hommage rendu à la mémoire du plus illustre des géomètres français, et d'une mesure d'intérêt public, éminemment propre à développer les aptitudes géométriques des générations nouvelles. On ne saurait offrir, en effet, à ceux qui veulent se consacrer à la culture des mathématiques, un guide plus sûr et un modèle plus accompli.

Toutes les branches de mathématiques sans exception, algèbre, géométrie, calcul intégral, mécanique, physique, mathématiques, astronomie, conservent l'empreinte ineffaçable du génie de Lagrange.

Sur le terrain de l'astronomie mathématique, il fut le rival souvent heureux de l'illustre auteur de la Mécanique céleste, et son nom restera placé au premier rang, avec celui de Laplace, dans l'histoire de la science. Les tomes V et VI des œuvres de Lagrange, presque exclusivement consacrés aux recherches d'astronomie, constituent un répertoire de cette science non moins admirable que l'immortel ouvrage de Laplace.

Mais, si l'on considère le magnifique ensemble des travaux de

Lagrange sur les diverses branches de l'analyse pure et des applications à la physique mathématique, il est permis de proclamer qu'il n'a point eu de rival, et c'est avec raison que M. Serret a rappelé, dans son avertissement placé en tête de la publication, ces belles paroles du secrétaire perpétuel de l'Académie des sciences : « La science mathématique est, grâce à lui, comme un vaste et beau palais dont il a renouvelé les fondements, posé le faîte, et dans lequel on ne peut faire un pas sans trouver avec admiration les monuments de son génie. »

A. SERRET, de l'Institut.

III

OEuvres d'Augustin Fresnel, t. I à III. Édité par MM. L. Fresnel, Verdet et Lissajoux.

Les œuvres de Fresnel publiées sur la proposition du Comité des Sociétés savantes, par suite d'un arrêté pris en 1861 par M. Rouland, comprennent trois volumes in-quarto : le premier de 799 pages, le deuxième de 854, le troisième de 751, avec planches.

La première partie de l'ouvrage est consacrée aux études de physique pure et principalement aux travaux sur la théorie de la lumière. Elle comprend 89 pièces ou groupes de pièces parmi lesquels se trouvent dix grands mémoires. Ces travaux forment la matière des deux premiers volumes. La deuxième partie, constituant le troisième volume, renferme 27 pièces, les tables analytiques de l'ouvrage et dix-huit planches, dont une carte.

La majeure partie des travaux de Fresnel n'était connue que par des extraits ou des résumés imprimés dans divers recueils. Il était très-désirable dans l'intérêt de la science que ces œuvres fussent réunies et publiées dans leur intégrité. Leur mise au jour a fait connaître dans toute sa profondeur le grand génie qui a pu, en quelques années, révolutionner la haute optique et asseoir sur des bases inébranlables la doctrine des ondulations.

Ce n'est pas un moindre service rendu à la science que l'impression de cette correspondance si curieuse où Fresnel, dans ses épanchements intimes avec son frère Léonor, donne la succession méthodique de ses recherches et le secret de ses découvertes. La lecture de ces documents intimes est un précieux enseignement pour qui veut apprendre par quelles vues un homme de génie s'étend jusqu'aux plus hautes conceptions de la science.

Quel noble exemple pour les jeunes savants que la vie de cet homme qui, au fond de la province, sans ressources, presque sans livres, reconstitue à son usage personnel les parties de la science dont il ignore l'existence antérieure, s'attaque hardiment aux points les plus délicats de l'optique, construit de ses mains des appareils d'étude, et arrive à force de ténacité aux plus grandes découvertes!

Quoi de plus touchant que l'intérêt avec lequel Arago, déjà célèbre et puissant, l'accueille, sentant en lui un apôtre fervent de la vérité. C'est cette foi ardente dans l'exactitude de ses doctrines, dans la sûreté de ses vues, qui soutient Fresnel dans la lutte courageuse entreprise par lui contre le souvenir de Newton, l'autorité de Laplace, la résistance de Poisson et l'incrédulité persévérante de Biot. Toute cette controverse est presque oubliée aujourd'hui, mais elle a passionné le monde savant il y a un demi-siècle, et il est utile pour l'histoire de la science de la voir revivre dans la correspondance de Fresnel, et d'apprendre à quel prix ce grand réformateur a assuré le triomphe de ses idées.

Le troisième volume des œuvres de Fresnel nous le montre dans une autre phase de sa carrière, inventant et réalisant dans tous ses détails le système de phares lenticulaires si supérieur aux appareils qui existaient alors. 27 groupes de pièces recueillies précieusement, classées avec méthode, complétées avec un soin pieux par la main de son frère Léonor, permettent d'apprécier les services considérables rendus par Fresnel dans sa carrière d'ingénieur attaché à la Commission des phares.

Ne regrettons pas que, sur la proposition d'Arago, Fresnel ait été détourné de ses études favorites pour être appelé au sein de cette Commission où il a rendu de si éminents services. Il lui était réservé de prouver que les grands génies ne sont pas seulement aptes à faire faire d'immenses progrès à la science pure, mais qu'ils peuvent aussi affirmer leur supériorité dans des applications nouvelles et fécondes de la science et être à ce double point de vue les bienfaiteurs de l'humanité.

On peut aujourd'hui s'assurer, par la lecture du troisième volume des œuvres de Fresnel, qu'il apporta dans les travaux de l'ingénieur la sûreté de méthode et la netteté de vues du savant. Entraîné par ses habitudes et ses goûts vers les hautes conceptions de la théorie, il s'occupait à regret des questions ayant un caractère exclusivement pratique. Mais il comprenait que là comme dans ses autres travaux le succès ne pouvait être obtenu qu'au prix d'une étude approfondie des moindres détails. Aussi, toutes les recherches faites par lui pour la Commission des phares sont-elles des œuvres du plus haut intérêt, dont la publication montre que chez Fresnel l'ingénieur n'était pas au-dessous du savant.

Les manuscrits de Fresnel avaient été confiés d'abord à son collègue Savary, qui en avait commencé le classement et était mort avant de l'avoir terminé. Ce travail a été refait plus tard par Sénarmont, qui avait préparé complétement la matière des deux premiers volumes. Le premier éditeur de Fresnel succomba le 30 juin 1862, au moment où l'impression allait commencer. Verdet lui succéda et dirigea l'impression des deux premiers tomes ; il eut l'heureuse idée de résumer dans une introduction les travaux de Fresnel. Nul ne l'eût fait avec plus d'autorité et de talent. Malheureusement Verdet succomba à son tour le 13 février 1864, après avoir écrit d'une main défaillante les dernières pages de l'introduction.

M. Léonor Fresnel, qui avait accepté la tâche de publier seul les travaux de Fresnel sur les phares, continua seul la publication, termina le deuxième volume, et fit imprimer la majeure partie du troisième. Ce travail n'était pas terminé lorsque la mort le frappa le 30 mai 1869.

Sur la proposition du Comité des Sociétés savantes, M. Lissajous fut chargé, le 27 octobre 1869, d'achever la publication. Aidé des conseils de M. Reynaud, directeur des phares, il put la mener à bonne fin, et clore enfin ce travail entravé successivement par tant d'événements douloureux, le 25 mai 1870.

Quelques semaines plus tard, la publication eût été arrêtée par nos désastres. Heureusement, le monument élevé par le concours de tant de volontés et de dévouements à la mémoire de Fresnel était terminé pour l'honneur de la science et la gloire du pays.

J. LISSAJOUS.

TABLE DES MATIÈRES.

TABLE DES OUVRAGES

DE LA COLLECTION

DES DOCUMENTS INÉDITS SUR L'HISTOIRE DE FRANCE

ET DES OUVRAGES ANNEXES

CITÉS DANS LES RAPPORTS DE MM. LE BARON DE WATTEVILLE, LÉOPOLD DELISLE,

LÉON RENIER, ÉMILE BLANCHARD.

MINISTÈRE DE L'INSTRUCTION PUBLIQUE
ET DES BEAUX-ARTS.

COLLECTION

DE

DOCUMENTS INÉDITS

SUR L'HISTOIRE DE FRANCE.

I. — Chroniques, mémoires, journaux, récits et compositions historiques.

✳ 1. Chronique des ducs de Normandie par Benoît, trouvère anglo-normand du xiie siècle, publiée par Francisque Michel. — 1836-1844, *3 vol.*

✳ 2. Les familles d'outre-mer de Du Cange, publiées par E.-G. Rey. — 1869, *1 vol.*

— 3. Histoire de la croisade contre les hérétiques Albigeois, écrite en vers provençaux, publiée par C. Fauriel. — 1837, *1 vol.*

4. Histoire de la guerre de Navarre en 1276 et 1277 [chronique rimée], par Guillaume Anelier de Toulouse, publiée par Francisque Michel. — 1856, *1 vol.*

✳ 5. Chronique de Bertrand du Guesclin, par Cuvelier, trouvère du xive siècle, publiée par E. Charrière. — 1839, *2 vol.*

✳ 6. Chronique du religieux de Saint-Denys, contenant le règne de Charles VI, de 1380 à 1422; publiée et traduite par L. Bellaguet. — 1839-1852, *6 vol.*

7. Chroniques d'Amadi et de Stambaldi [615-1458], publiées par R. de Mas Latrie. — 1891-1893, *2 vol.*

✳ 8. Mémoires de Claude Haton (1553-1582), publiés par F. Bourquelot. — 1857, *2 vol.*

9. Journal d'Olivier Lefèvre d'Ormesson [1643-1672], publié par A. Chéruel. — 1860-1861, *2 vol.*

[1] Les volumes précédés du signe ✳ sont presque épuisés.
[2] Les volumes précédés du signe — sont épuisés.

10. Mémoires de Nicolas-Joseph Foucault [1641-1718], publiés par F. Baudry. — 186?
    1 vol.

11. L'Estoire de la Guerre sainte, poème de la troisième croisade (1190), publié pa
    G. Paris. — 1897, 1 vol.

II. — Cartulaires et recueils de chartes.

— 12. Cartulaire de l'abbaye de Saint-Père de Chartres, publié par R. Guérard. — 184c
    2 vol.

✶ 13. Cartulaire de l'abbaye de Saint-Bertin, publié par B. Guérard. — 1840, 1 vol.

14. Appendice au Cartulaire de l'abbaye de Saint-Bertin, publié par F. Morand. — 186?
    1 vol.

— 15. Cartulaire de l'église Notre-Dame de Paris, publié par B. Guérard, Géraud, Marion e
    Deloye. — 1850, 4 vol.

✶ 16. Cartulaire de l'abbaye de Saint-Victor de Marseille, publié par B. Guérard, Marion e
    Delisle. — 1857, 2 vol.

— 17. Cartulaire de l'abbaye de Redon en Bretagne, publié par A. de Courson. — 1863
    1 vol.

18. Recueil de chartes de l'abbaye de Cluny, formé par Aug. Bernard, publié par Alexandr
    Bruel; tomes I-V. — 1876-1894, 5 vol.

19. Cartulaires de l'église cathédrale de Grenoble, dits *Cartulaires de Saint-Hugues*, publié
    par J. Marion. — 1869, 1 vol.

20. Cartulaire de Savigny, suivi du petit cartulaire de l'abbaye d'Ainay, publiés par Au
    guste Bernard. — 1853, 2 vol.

✶ 21. Cartulaire de l'abbaye de Beaulieu (en Limousin), publié par M. Deloche. — 1859
    1 vol.

22. Archives de l'Hôtel-Dieu de Paris (1157-1300), publiées par L. Brièle et E. Coyecque.
    — 1894, 1 vol.

✶ 23. Privilèges accordés à la couronne de France par le Saint-Siège [1224-1622, publiés
    par Ad. et J. Tardif]. — 1855, 1 vol.

24. Recueil des monuments inédits de l'histoire du Tiers-État (1re série, région du Nord),
    publié par Augustin Thierry. — 1850-1870, 4 vol.

— 25. Archives administratives de la ville de Reims [ive-xive s.], publiées par P. Varin. —
    1839-1848, 3 vol.

✶ 26. Archives législatives de la ville de Reims [xiiie-xvie s.], publiées par P. Varin. — 1840-
    1852, 4 vol.

✶ 27. Archives administratives et législatives de la ville de Reims; table générale des matières,
    par L. Amiel. — 1853, 1 vol.

III. — Correspondances et documents politiques
ou administratifs.

28. Lettres de rois, reines et autres personnages des cours de France et d'Angleterre, depuis Louis VII jusqu'à Henri IV, tirées des archives de Londres par Bréquigny et publiées par J.-J. Champollion-Figeac. — 1839-1847, 2 vol.

29. Rôles gascons, publiés par Francisque Michel et Ch. Bémont; tome I et supplément [1242-1255]. — 1885-1896, 2 vol.

30. Les *Olim*, ou registres des arrêts rendus par la Cour du roi sous les règnes de saint Louis–Philippe le Long [1254-1318], publiés par le comte Beugnot. — 1839-1848, 4 vol.

31. Règlements sur les arts et métiers de Paris, rédigés au xiiie siècle sous le nom de Livre des métiers d'Étienne Boileau, publiés par G.-B. Depping. — 1837, 1 vol.

32. Correspondance administrative d'Alfonse de Poitiers, publiée par Aug. Molinier; tome I [1268-1270]. — 1894, 1 vol.

33. Paris sous Philippe le Bel, notamment d'après le rôle de la taille de Paris en 1291, publié par H. Géraud. — 1837, 1 vol.

34. Procès des Templiers, publié par J. Michelet. — 1841, 2 vol.

35. Mandements et actes divers de Charles V (1364-1380), publiés ou analysés par L. Delisle. — 1874, 1 vol.

36. Itinéraires de Philippe le Hardi et de Jean sans Peur, ducs de Bourgogne (1363-1419), publiés par Ernest Petit. — 1888, 1 vol.

37. Journal des États généraux de France tenus à Tours, en 1484, sous le règne de Charles VIII, Jehan Masselin, publié et traduit par A. Bernier. — 1835, 1 vol.

38. Procès-verbaux des séances du Conseil de régence du roi Charles VIII (août 1484-janvier 1485), publiés par A. Bernier. — 1836, 1 vol.

39. Procédures politiques du règne de Louis XII, publiées par R. de Maulde. — 1885, 1 vol.

40. Négociations diplomatiques de la France avec la Toscane [1311-1610], documents recueillis par Giuseppe Canestrini et publiés par Abel Desjardins. — 1859-1886, 6 vol.

41. Négociations diplomatiques entre la France et l'Autriche durant les trente premières années du xvie siècle, publiées par A. Le Glay. — 1845, 2 vol.

42. Négociations de la France dans le Levant [1515-1589], publiées par E. Charrière. — 1848-1860, 4 vol.

43. Captivité du roi François Ier, par A. Champollion-Figeac. — 1847, 1 vol.

— 44. Papiers d'État du cardinal DE GRANVELLE [1516-1565], publiés par Ch. WEISS. — 1842-1852, *9 vol.*

45. Lettres de Catherine DE MÉDICIS, publiées par Hector DE LA FERRIÈRE et BAGUENAULT D PUCHESSE; tomes I-VI. — 1880-1897, *6 vol.*

✻ 46. Négociations, lettres et pièces diverses relatives au règne de François II, publiées pa Louis PARIS. — 1841, *1 vol.*

✻ 47. Relations des ambassadeurs vénitiens sur les affaires de France au XVIᵉ siècle, recueilli et traduites par N. TOMMASEO. — 1838, *2 vol.*

✻ 48. Procès-verbaux des États généraux de 1593, publiés par Aug. BERNARD. — 1842 *1 vol.*

✻ 49. Recueil des lettres missives de HENRI IV [1562-1610], publié par BERGER DE XIVREY (GUADET. — 1843-1876, *9 vol.*

✻ 50. Lettres, instructions diplomatiques et papiers d'État du cardinal RICHELIEU [1608 1642], publiés par AVENEL. — 1853-1877, *8 vol.*

— 51. Maximes d'État et fragments politiques du cardinal DE RICHELIEU, publiés par M. Gabrie HANOTAUX. — 1880, *1 vol.*

52. Négociations, lettres et pièces relatives à la Conférence de Loudun [1615-1616] publiées par BOUCHITTÉ [et LEVASSEUR]. — 1862, *1 vol.*

✻ 53. Correspondance de Henri d'Escoubleau DE SOURDIS, archevêque de Bordeaux, chef de conseils du roi en l'armée navale, publiée par Eugène SUE. — 1839, *3 vol.*

54. Lettres du cardinal MAZARIN pendant son ministère [1642-1661], publiées par A. CHÉ RUEL et G. D'AVENEL. — 1872-1894, *8 vol.*

✻ 55. Correspondance administrative sous le règne de Louis XIV, recueillie par G.-B. DEPPING — 1850-1855, *4 vol.*

56. Mémoires des intendants sur l'état des Généralités, dressés pour l'instruction du du de Bourgogne. Tome I, Mémoire de la Généralité de Paris, publié par A. DE BOIS LISLE. — 1881, *1 vol.*

— 57. Négociations relatives à la Succession d'Espagne sous Louis XIV [1662-1679], publiée par F. MIGNET. — 1835-1842, *4 vol.*

— 58. Mémoires militaires relatifs à la Succession d'Espagne sous Louis XIV [1701-1713] publiés par les lieutenants généraux DE VAULT et PELET. — 1835-1862, *11 vol.*, c atlas in-fol.

✻ 59. Correspondance des Contrôleurs généraux des Finances avec les Intendants des Pro vinces, publiée par A. DE BOISLISLE. — 1874-1898, *3 vol.*

✻ 60. Remontrances du Parlement de Paris au XVIIIᵉ siècle, publiées par J. FLAMMERMONT tomes I-III. — 1888-1899, *3 vol.*

IV. — Documents de la période révolutionnaire
[gr. in-8°].

61. Recueil de documents relatifs à la convocation des États généraux de 1789, publié par A. BRETTE; tomes I et II. — 1894-1896, 2 vol.

62. Correspondance secrète du comte DE MERCY-ARGENTEAU avec l'empereur Joseph II et le prince de Kaunitz [1780-1790], publiée par A. D'ARNETH et J. FLAMMERMONT. — 1889-1891, 2 vol.

63. Procès-verbaux du Comité d'instruction publique de l'Assemblée législative, publiés par J. GUILLAUME. — 1889, 1 vol.

64. Procès-verbaux du Comité d'instruction publique de la Convention nationale, publiés par J. GUILLAUME; tomes I-III. — 1891-1897, 3 vol.

65. Recueil des actes du Comité de salut public, publié par F.-A. AULARD; tomes I-XII. — 1889-1899, 12 vol., et table des tomes I-V, 1 vol.

66. Correspondance générale de CARNOT, publiée par Ét. CHARAVAY; tomes I, II et III. — 1892-1897, 3 vol.

V. — Documents philologiques, littéraires, philosophiques, juridiques, etc.

67. L'Éclaircissement de la langue française, par Jean PALSGRAVE [1530], publié par F. GÉNIN. — 1852, 1 vol.

68. Les quatre livres des Rois, traduits en français du XIIᵉ siècle, publiés par LEROUX DE LINCY. — 1841, 1 vol.

69. Le livre des Psaumes, ancienne traduction française, publié par Francisque MICHEL. — 1876, 1 vol.

70. Ouvrages inédits d'ABÉLARD, publiés par Victor COUSIN. — 1836, 1 vol.

71. Li livres dou Tresor, par Brunetto LATINI, publié par P. CHABAILLE. — 1863, 1 vol.

72. Li livres de Jostice et de plet, publié par P. CHABAILLE. — 1850, 1 vol.

73. Le Mistère du siège d'Orléans, publié par F. GUESSARD et E. DE CERTAIN. — 1862, 1 vol.

74. Lettres de PEIRESC [1602-1627], publiées par Ph. TAMIZEY DE LARROQUE; tomes I-VII. — 1888-1898, 7 vol.

75. Lettres de Jean CHAPELAIN [1632-1672], publiées par Ph. TAMIZEY DE LARROQUE. — 1880-1883, 2 vol.

76. Documents historiques inédits tirés des collections manuscrites de la Bibliothèque royale, etc., publiés par CHAMPOLLION-FIGEAC. — 1841-1848, 4 vol., et table (1874), 1 vol.

77. Mélanges historiques, choix de documents [publiés par divers]. — 1873-1886, 5 vol.

VI. — Publications archéologiques.

78. Recueil de diplômes militaires, publié par L. Renier;. 1re livraison. — 1876, 1 vol.

79. Étude sur les sarcophages chrétiens antiques de la ville d'Arles, par Edm. Le Blant — 1878, 1 vol. in-fol.

80. Les sarcophages chrétiens de la Gaule, par Edm. Le Blant. — 1886, 1 vol. in-fol.

81. Nouveau recueil des inscriptions chrétiennes de la Gaule antérieures au viiie siècle, par Edm. Le Blant. — 1892, 1 vol.

✳ 82. Architecture monastique, par Albert Lenoir. — 1852-1856, 2 vol.

✳ 83. Étude sur les monuments de l'architecture militaire des Croisés en Syrie et dans l'île de Chypre, par Guillaume Rey. — 1871, 1 vol.

✳ 84. Monographie de l'église Notre-Dame de Noyon, par L. Vitet et D. Ramée. — 1845, 1 vol., et atlas in-fol.

— 85. Monographie de la cathédrale de Chartres [par Lassus et Amaury Duval]. Explication des planches par J. Durand. — 1867-1886, atlas in-fol., et 1 vol.

✳ 86. Notice sur les peintures de l'église de Saint-Savin, par P. Mérimée. — 1845, 1 vol. in-fol.

— 87. Statistique monumentale (spécimen). Rapport sur les monuments historiques des arrondissements de Nancy et de Toul, par E. Grille de Beuzelin. — 1837, 1 vol., et atlas in-fol.

88. Statistique monumentale de Paris, par Albert Lenoir. — 1867, 1 vol., et atlas in-fol.

89. Inscriptions de la France du ve au xviiie siècle. Ancien diocèse de Paris, par F. de Guilhermy et R. de Lasteyrie. — 1873-1883, 5 vol.

✳ 90. Iconographie chrétienne. Histoire de Dieu, par Didron. — 1843, 1 vol.

✳ 91. Recueil de documents relatifs à l'histoire des monnaies frappées par les rois de France, depuis Philippe II jusqu'à François Ier, par F. de Saulcy; tome I [1179-1380]. — 1879, 1 vol.

92. Inventaire des sceaux de la collection Clairambault à la Bibliothèque nationale, par G. Demay. — 1885-1886, 2 vol.

93. Inventaire du mobilier de Charles V, roi de France [1380], publié par J. Labarte. — 1879, 1 vol.

94. Comptes de dépenses de la construction du château de Gaillon [1501-1509], publiés par A. Deville. — 1850, 1 vol., et atlas in-fol.

95. Comptes des bâtiments du Roi sous le règne de Louis XIV, publiés par J. Guiffrey; tomes I-IV. — 1881-1896, 4 vol.

VII. — **Rapports, instructions, etc.**

96. Rapports au Roi [par F. Guizot]. — 1835, *1 vol.*

97. Rapports au Ministre [par divers]. — 1839, *1 vol.*

98. Instruction du Comité historique des arts et monuments [par divers]. — 1839-1843 et 1857, 4 fasc., et *2 vol.*

99. Rapports au Ministre sur la Collection des documents inédits de l'histoire de France [par divers]. — 1874, *1 vol.*

100. Le Comité des travaux historiques et scientifiques; histoire et documents, par X. Charmes. — 1886, *3 vol.*

101. Dictionnaires topographiques des départements. — 1861-1891, *21 vol.*

1. Aisne, par Matton. — 1871.
2. Alpes (Hautes-), par Roman. — 1884.
3. Aube, par Boutiot et Socard. — 1874.
4. Calvados, par Hippeau. — 1883.
5. Cantal, par Amé. — 1897.
6. Dordogne, par A. de Gourgues. — 1873.
7. Drôme, par Brun-Durand. — 1891.
8. Eure, par le marquis de Blosseville. — 1878.
9. Eure-et-Loir, par L. Merlet. — 1861.
10. Gard, par Germer-Durand. — 1868.
11. Hérault, par Thomas. — 1865.
12. Marne, par Longnon. — 1891.
13. Mayenne, par Maître. — 1878.
14. Meurthe, par Lepage. — 1862.
15. Meuse, par Liénard. — 1872.
16. Morbihan, par Rosenzweig. — 1870.
17. Moselle, par E. de Bouteiller. — 1874.
18. Nièvre, par G. de Soultrait. — 1865.
19. Pyrénées (Basses-), par Raymond. — 1863.
20. Rhin (Haut-), par Stoffel. — 1868.
21. Vienne, par Rédet. — 1881.
22. Yonne, par Quantin. — 1862.

102. Répertoires archéologiques des départements. — 1861-1888, *8 vol.*

1. Alpes (Hautes-), par Roman. — 1888.
2. Aube, par H. d'Arbois de Jubainville. — 1861.
3. Morbihan, par Rosenzweig. — 1863.
4. Nièvre, par G. de Soultrait. — 1875.
5. Oise, par Woillez. — 1862.
6. Seine-Inférieure, par l'abbé Cochet. — 1872.
7. Tarn, par Crozes. — 1865.
8. Yonne, par Quantin. — 1868.

---

103. Bibliographie générale des travaux historiques et archéologiques publiés par les Sociétés savantes de la France, par R. de Lasteyrie, E. Lefèvre-Pontalis et E.-S. Bougenot; tomes I et II, et fasc. 1 du tome III. — 1888-1897, *3 vol.*

Sous presse.

1. Recueil de chartes de l'abbaye de Cluny, publié par Alex. BRUEL; tome VI.
2. Rôles gascons, publiés par Ch. BÉMONT; tome II.
3. Correspondance administrative d'Alfonse de Poitiers, publiée par Aug. MOLINIER; tome II.
4. Documents relatifs aux comtés de Champagne et de Brie (XIIᵉ-XIVᵉ siècle), publiés par A. LONGNON.
5. États généraux de Philippe le Bel, publiés par G. PICOT.
6. Journaux du trésor de Philippe de Valois, publiés par J. VIARD.
7. Lettres de Catherine DE MÉDICIS, publiées par BAGUENAULT DE PUCHESSE; tome VII.
8. Lettres du cardinal MAZARIN, publiées par G. D'AVENEL; tome IX.
9. Les Médailleurs français, du XVᵉ siècle au milieu du XVIIᵉ; documents publiés par F. MAZEROLLE.
10. Comptes des bâtiments du Roi sous le règne de Louis XIV, publiés par J. GUIFFREY; tome V.
11. Missions archéologiques françaises en Orient aux XVIIᵉ et XVIIIᵉ siècles, documents publiés par H. OMONT.
12. Recueil de documents relatifs à la convocation des États généraux de 1789, publié par A. BRETTE; tome III.
13. Procès-verbaux du Comité d'instruction publique de la Convention nationale, publiés par J. GUILLAUME; tome IV.
14. Recueil des actes du Comité de salut public, publié par F.-A. AULARD; tome XIII.
15. Correspondance générale de CARNOT, publiée par Ét. CHARAVAY; tome IV.

---

16. Bibliographie générale des travaux historiques et archéologiques publiés par les Sociétés savantes de la France, par R. DE LASTEYRIE et E.-S. BOUGENOT; tome III, fascicule 2.

IMPRIMERIE NATIONALE. — Novembre 1899.

www.ingramcontent.com/pod-product-compliance
Lightning Source LLC
Chambersburg PA
CBHW072035090426
42733CB00032B/1713